काव्यांजलि तेज

काव्यांजलि तेज

जगराम सिंह

GenNext Publication

काव्यांजलि तेज

ISBN: 978-93-5324-176-6)-7

भारत सन् 2019 में प्रकाशित

जेन्नेकस्ट पब्लिकेशन

5, अंसारी रोड, दरियागंज,

नई दिल्ली-110002

Phone : 9811692060

ई-मेल: gennextpublication@hotmail.com

मुद्रित: जी. प्रिंट प्रोसेस, दिल्ली

प्रशस्ति

'काव्यांजलि तेज' काव्य संग्रह–स्वयंसेवक, प्रचारक, प्रखर वक्ता एवं राष्ट्रवादी कवि श्री जगराम सिंह के काव्य सृजन का चौथा सोपान है।

मात्रिक छन्दों में रचित इस संग्रह में राष्ट्र, समाज, परिवार, व्यक्ति, आदर्शवाद, मर्यादाएँ जैसे विषय समाहित हैं।

साहित्यकार समाज का दर्पण और राष्ट्र की दशा और दिशा का प्रहरी होता है। सच कहने का जो साहस कवि में होता है वह समाज के किसी और वर्ग में कम ही दिखाई देता है। कई बार कलम का प्रहार तलवार से भी तीक्ष्ण होता है क्योंकि वह युगों तक प्रभावी रहता है।

जगराम जी पूर्णकालिक प्रचारक हैं मगर उनमें परिवार और राष्ट्र के प्रति जो सजगता और चिन्ता दिखाई देती है वही उनके कविरूप की पूँजी है।

मैं उन्हें 'काव्यांजलि तेज' के लिए अपनी अनंत शुभकामनाएँ देता हूँ और प्रकाशक को भी इस श्रेष्ठ काव्य श्रृंखला को प्रकाशित करने की बधाई देता हूँ।

इसी निवेदन के साथ –

पद्मश्री डॉ. सुनील जोगी

अपने तो अपने ही होते

अपने तो अपने ही होते, चाहे जैसे भी हों।
बंधन तो सपने ही होते, चाहे अभिन्न भले हों।।१।।
मिथ्या संबंधों का आडंबर, सोम अखण्ड अनुभूति।
मृग मरीचिका सा संभ्रममात्र, सुदूर आश को ज्योति।।२।।
धूप छांव के विटप तले नित, पय का सुखद बिछौना।
अवनि–व्योम के भंवर चक्र में, परवस निरा खिलौना।।३।।
अभिन्नता का गीत पूर्ण क्षणिक, तदपि आभास सुमधुर।
आलिंगन का सुसंग स्वप्नवत, अविच्छिन्न प्रयास आतुर।।४।।
सुमन सा वर्ताव आनंद पथ, आशीषों का प्रवाह।
शूल सा संत्रास उर विदारक, संकटों का सिन्धु अथाह।।५।।
आदि से अद्यपर्यन्त विस्मरणीय, अपेक्षायें भी शून्य।
अंततः कटु अनुभव निष्प्राण स्वयं, संतुष्टि व्रत शेष अमूल्य।।६।।
'अंतिम प्रवास' की अमिय बूंद, रीते–वीते संबल।
''जगराम'' वैतरणी पतवार, लक्ष्य के लिए स्वप्न भी वल।।७।।

सबके बिना न उन्नति संभव

सबके बिना न उन्नति संभव, प्रवाह का अनथक वल।
प्रभाव की स्वाभाविक गति, परिणाम का अभीष्ट सुफल।।१।।

पंथ में आनंद अविराम, प्रयास का सम्मिलित स्वभाव।
समत्व की अखण्ड मनोवृत्ति, फलतः नव वासंती प्रभाव।।२।।

संयुक्त मंथन से ही अमिय, गरल की अब न चिन्ता।
सौभाग्य में जो अपेक्षित, स्वयं ही अपराजिता।।३।।

संयोग का फल अति मधुर, समय का ज्ञान हितकर।
हर घड़ी अमूल्य स्वयं ही, सफल वही जो पथ पर।।४।।

सहयोग के कारण सुगम, गंतव्य का पंथ विकट।
सहकार के कारण स्वयं, मंतव्य हो गया प्रकट।।५।।

छांव भी विजन में मीत, धैर्य का संबल सवल।
संभ्रम में अवलंब अथक, विकल्प का संदेश प्रवल।।६।।

जल के प्रवाह सा वर्ताव, उडगणों सा आचरण।
दीपों का समन्वित अभिनय, ''जगराम'' का अनुशरण।।७।।

सबके स्वाभिमान की सुरक्षा

सबके स्वाभिमान की सुरक्षा, एकात्मता का परिचय।
सबकी नवभोर तक प्रतीक्षा, समरसता का अभिनय।।१।।

परिजनों का संग ही मधुमय, पंथ में छांव आभास।
शूल में सुमनों सी अनुभूति, गंतव्यहित समिश्र प्रयास।।२।।

यज्ञ की सुगंध भी तभी संभव, जब एक संग वलिदान।
चिर आशा की तभी संपूर्ति, जब सम्मिलित योगदान।।३।।

शीश पर हो आंचल की छांव, स्नेह का हो अभय कर।
सुधा की बूंद हो स्वागत में, आतुर हो मंगल स्वर।।४।।

घावों में करुणा की भेषज, तिमिर में हो ज्योति प्रखर।
सुधा–पगी बौछार अविराम, स्मित कृति हो मात्र अधर।।५।।

सबका है अधिकार बराबर, सब–सबकी बैशाखी।
सबका है उपहार बराबर, एक दूजे की राखी।।६।।

यह जीवन समझो धन्य तभी, जब परहित में समर्पित।
मधुमय शीतल छांव तले जब''जगराम'' वर फल इच्छित।।७।।

कोई भी न अपमानित हो

कोई भी न अपमानित हो, सबका हो सम्मान बराबर।
कोई भी न पद वंचित हो, सबका हो उत्थान बराबर।।१।।

शब्द वाण जो उर घाव करे, वाणी में वह कदापि नहीं।
भूल से जो अवरोध बने, ऐसा वर्ताव कदापि नहीं।।२।।

घृणा भाव के कारण विवस, घोर अंधकार में जीवन।
उपेक्षा के कारण व्यथित, दुर्भाग्यपूर्ण पंथ अवलंबन।।३।।

पद्‌दलित सी अनुभूति दुखद, काल आलिंगन को आतुर।
सपनों का आनंद मलिन अब, शिला सा संचार शेष स्फुर।।४।।

अधिष्ठान में दोष न किंचित, दुर्भाग्यपूर्ण परिवर्तन निश्चित।
उत्थान पतन का क्रम अखण्ड, अवशिष्ट मात्र शेष प्रायश्चित।।५।।

संभ्रम में पथभृष्ट अपेक्षित, शापित दिग्भ्रम की संभावना।
अंधकूट का मिथ्या आकर्षण, जल बिना मीन सी भावना।।६।।

नेह सुधा की चाह सबको, आंचल का आनंद प्रतीक्षित।
मान–छांव की क्षुधा सबको, "जगराम" की गोद अपेक्षित।।७।।

मुरझाये उपवन

मुरझाये उपवन, को फिर से सींचा।
पुनरपि सुमनों से, खिल उठा बगीचा।।१।।

अपराध बोध के, कारण निरा लज्जित।
पश्चाताप के लिए, स्वयं बंधन को अर्पित।।२।।

दुर्भाग्य गति लय में, स्वयं अवरोध बना।
सहसा पथ में तन, गहन वितान तना।।३।।

भोर प्रतीक्षा क्षण, निशीथ में बदली।
धवल पूर्णिमा क्षण, अमा भय से ढली।।४।।

प्रसून के सपनें, सभी व्यर्थ हो गये।
चले स्वर्ग की ओर, किन्तु नर्क पहुंच गये।।५।।

कल का उत्सव आज, महाशोक का क्षण।
सहसा घोर तिमिर, में लुप्त कण का प्रण।।६।।

खंडहर हो गये, हृदय समेट व्यथा।
अब तभी भी संभव जब, "जगराम" पुनर्कथा।।७।।

निराशा के घर

निराशा के घर, दीप जलाया।
घन अंधकार को, दूर भगाया।।१।।

अमा का निष्कंटक, राज्य घिनौना।
आतप में संलिप्त, शेष न कोना।।२।।

सर्वत्र ताण्डव का, भयंकपित नृत्य।
व्रत नष्ट भ्रष्ट–उध्वस्त, पददलित निरा भृत्य।।३।।

पुर जोर न स्वर गति, पथ कंटक मय।
अनहोनी प्रवल, भयकारी भय।।४।।

संगठन एकमेव, सिद्ध महामंत्र।
दृढ़ प्रतिकार ही, समाधान तंत्र।।५।।

स्नेह सुधा मधुमय, घूट पिलाया।
बाहों में लेकर, गले लगाया।।६।।

अभेद्य हो जब रण, अरिदल समूल नष्ट।
पुर्न प्रभात, पूर्ण, ''जगराम'' उद्दिष्ट।।७।।

बिना सभी को संग ले

बिना सभी को संग ले, विजय असंभव।
संगठित प्रयास से ही, आलोक उद्‌भव।।१।।

तिमिर का अंत तभी जब, प्रचण्ड दिन कर।
मधु अनुभूति तभी, जब किंचित न अंतर।।२।।

यज्ञ परिणाम तभी जब, आहुति निरन्तर।
नव अनुष्ठान तभी, जब दृढ़ चाह अंतर।।३।।

भोर के स्पर्श मात्र से, चैतन्य जीवन।
आश की संपूर्ति में, उद्यत नव सुमन।।४।।

सहयोग से ही संभव, आनंदित भवन।
घोर तप से ही संभव, सुगंधित पवन।।५।।

तरुण ताप को भी सह, जो दृढ़ पथ पर।
चिर विजय रस का पान, कर अमर सत्वर।।६।।

संयोग का अवसान, यदि तो संकट।
संयुक्त प्रमाण–उत्कट व्रत–''जगराम'' निकट।।७।।

जो बढ़ा पर्वतों को लांघकर

जो बढ़ा पर्वतों को लांघकर, गंतव्य उसी का मीत हो गया।
सर्वस्व भेंट का संकल्प जिनका, अमर उसी का गीत हो गया।।१।।

हृदय में किंचित भी संशय नहीं, निराशा के मोह से सुदूर।
पंथ में किंचित भी संभ्रम नहीं, प्रचण्ड ज्वार सा वेग भरपूर।।२।।

संधान की बस उत्कट प्रतीक्षा, लगन की उर अविराम ज्वाला।
समर्पण की बस अंतिम परीक्षा, नवभोर की जब कंठ माला।।३।।

विजय का व्रत ले यदि पग बढ़ा, तो स्वागत में अमिय स्वयं खड़ा।
परहित भावना से यदि कर्तव्य, तो चरणों में स्वर्ग स्वयं पड़ा।।४।।

पंथ से अत्यंत स्नेह अविचल, एक मात्र शाश्वत केन्द्र–आशा।
भक्ति का प्रचण्ड ज्वार अंतरतम, आहुति को उद्यत स्वयं स्वासा।।५।।

सर्वस्व जीवन ध्येय को समर्पित, एक सुमन तक की न शेष इच्छा।
अविराम प्रवाह का पथिक बस, भले ही अवलंबन बने भिक्षा।।६।।

गंतव्य तक धर्म का पूर्ण पालन, निर्मल मन से मुक्त फल स्वादन।
ध्येय में संकल्प पूर्ण समाहित, ''जगराम'' पथ अमिय अभिवादन।।७।।

चलने वाले को

चलने वाले को, पंथ सब देते है।
करने वाले को, अंक सब लेते हैं।।१।।
संकल्प में अतीव, सामर्थ्य होता है।
जो धारण करता, अजेय होता है।।२।।
स्वप्न स्वयं साकार, होने को आतुर।
विजय माल लेकर, स्वागत को अति स्फुर।।३।।
अखण्ड निर्मल प्रवाह, आनन्द का द्योतक।
हृदय ज्वार उत्साह, मंथन में मोदक।।४।।
उपकार का भाव, संयोग का कारण।
स्वधर्म स्वमेव छांव, संस्कारित आचरण।।५।।
गलने वाले को, फल आकर मिलता।
जलने वाले को देख सुमन खिलता।।६।।
गंतव्य स्वयं आकर, चरण वंदन करता।
अमिय आशीष दें, अजर अमर करता।।७।।
अंक आश्रय दे कर, बंधन मुक्त करता।
आंचल की छांव, कर रिक्त घर भरता।।८।।
अविश्रान्त साधना, ही बस समाधान।
निरासक्ति भावना, ही "जगराम" ध्यान।।९।।

अविराम साधना के सन्मुख

अविराम साधना के सन्मुख, शूल भी सुमन बन गये।
अखण्ड–प्रचण्ड–प्रवाह के सन्मुख, अवरोध धुल बन गये।।१।।

अडिग संकल्पित कर्मवीर जब, चलनें को पग बढ़ाता।
तब स्वयं ही पंथ सुस्वागत में, सुगंधित सुमन विछाता।।२।।

बाधाओं ने सुमन बन, आंचल शीश पर ताना।
ममतामयी आश्रय देकर, बन गया पंथ बिछौना।।३।।

सुदूर स्वयं ही पुष्पहार ले, स्वागत को तीर आया।
अमृत की धार बहाकर के, समय को दूर भगाया।।४।।

कमजोर स्वागत को आतुर, अंजुलि से नव सुमन वृष्टि।
चरणों में जीवन की भेंट, फलतः अनुभूति परम तुष्टि।।५।।

ध्येय ने आ गले लगाया, मृत्युंजयि हार पहनाया।
पीयूष–घर लेकर आया, रत्नों का ढेर लगाया।।६।।

बिन्दू महोदधि में समा गया, भव बंधनों से मुक्त हुआ।
नर से नारायण बन गया, ''जगराम'' में विलय हुआ।।७।।

पूर्व सबको मीत बनाओ

पूर्व सबको मीत बनाओ, आंचल की देकर छांव।
और सबको गले लगाओ, हृदयों के भर के घाव।।१।।

अपेक्षा ही सारे कारण, और कंटकों का हार।
शून्य निशीथ सा ही संभ्रम, काल का साक्षात्कार।।२।।

निरपेक्ष भाव से जो प्रयत्न, बस वही अमिय परिणाम।
समरसता का सर्वत्र प्रभाव, एकात्मता सिद्धि अविराम।।३।।

ममता की शीतल छांव में, पीयूष–पान कराना।
अपनी अंगुली पकड़ाकर, अभिनव सन्मार्ग दिखाना।।४।।

पंथ में परछांई बनकर, सेवा का मंत्र सिखाना।
सबके काम आ जाये तन, उपकार पाठ पढाना।।५।।

पूर्ण भागीरथ बन जायें, तभी विश्राम की अनुमति।
पुरखों को शांति मिल जाये, तभी आहुति की सहमति।।६।।

वंचित एक न रहने पाये, गंगा के अमिय नीर से।
उद्धार सभी का हो जाये, ''जगराम'' कृपा तीर से।।७।।

ममता की शीतल छांव

ममता की शीतल छांव, से दाह मिटाओ।
आंचल की मलय बयार, से दीप जलाओ।।१।।

अपमानों के ताप से, जो निरा–दग्ध हृदय।
तिरस्कारों के बंधन में, पूर्णतः विवश समय।।२।।

अंधकार के उदर में, निराशामय वास।
विपत्तियों के बोझ तले, अंतर खण्डित स्वांस।।३।।

निष्प्राण हो गया सावन, का आह्लादित घर।
खंडहर हो गया अतीत, का मंगलमय स्वर।।४।।

सुधा की एक बूंद की, ही बस अभिलाषा।
आत्मीय पीयूषमयी, अंतर की भाषा।।५।।

अंजुलि–भर की आश शेष, अखंडित अपेक्षा।
गिलहरी–भेंट सी चाह, न सुदूर प्रतीक्षा।।६।।

नेह नीर विना तरुवर, फिर सूख न पाये।
''जगराम'' पतझड़ घर में, प्रसून खिल जाये।।७।।

उन सबके आंसू पोंछो

उन सबके आंसू पोंछो, जो अभाव के ग्रास बने।
उन सबके बंधंन तोड़ो, जो कारा के दास बने।।१।।

संज्ञा शून्य हो गया तन, किंचित भी आभास नहीं।
निरा वेसुध हो गया मन, अंतर शेष प्रयास नहीं।।२।।

विस्मरण के पास आ गया, घोर अंधकार में आश्रय।
निराश की आश रह गया, खंडहरों की अभिन्न प्रश्रय।।३।।

पंथ स्वयं रस हीन हो गया, अवसान के अनुग्रह तीर।
स्वप्न स्वयं निष्प्राण हो गये, सुदूर चले अंतस्तल चीर।।४।।

शोक निमग्न अचेत अवस्था, अस्थि पंजर में मात्र संचार।
व्यथित निरा मूक धरोहर, विपदाओं का पथ अंबार।।५।।

आंचल के ममतामय सुख से दृगों के अश्रु स्रोत सुप्त।
अशीषों के अमिय पान, से क्षुधा पिपासा स्वयं लुप्त।।६।।

ममत्व मयी अंक में आश्रय, सिर पर आशीषों का कर।
अमिय पान से मुदित सुमन, ''जगराम'' अखंड मंगल स्वर।।७।।

गंगा सबके

गंगा सबके, द्वार बहा दो।
तन–मन के सब, पाप मिटा दो।।१।।

दीर्घ काल से, नर्क में जीवन।
अंधकार में, विवस अंतरमन।।२।।

निर्दोष होकर, भी नित दण्डित।
फिर भी पथ से, मोह अखंडित।।३।।

प्रताड़ना को, सहकर पुलकित।
विद्रोह का पर, स्वभाव न किंचित।।४।।

पाषाण शिला, सा स्वयं मान।
आजीवन भर, घोर अपमान।।५।।

फिर भी अखण्ड, पंथ अनुराग।
आत्म वलिदान, की प्रचण्ड आग।।६।।

भागीरथ बन, गंगा लाओ।
''जगराम'' स्वयं, गले लगाओ।।७।।

जो कुछ मिला अतीत से

जो कुछ मिला अतीत से, किंचित शेष न रखना।
दीप सा तिल–तिल जलकर, जीवन भेंट चढ़ाना।।१।।

मिश्रित प्रयत्नों का पुण्य फल, थाती रूप में मिला।
उपकार के फल स्वरूप, सुगंधित प्रसून खिला।।२।।

दीप से नव दीप जला, नव सुपंथ निर्माण किया।
प्रदीर्घ आशान्वित पथिक, का स्वप्न साकार हुआ।।३।।

आशीषों की बौछार, पूर्ण प्रतिबिंब उपहार।
पंथ पर प्रसून बिछौना, पग–पग अनंत उपकार।।४।।

'वर' को निज का मत मान, भूल से भी न विस्मरण।
विभव का न मन अभिमान, हृदय कृतज्ञ–भाव स्फुरण।।५।।

बुझे हुए सब दीप जला, सनातन व्रत अपेक्षित।
नवोत्थान में भेंट पुष्प, कर्त्तव्य प्रवाह अखंडित।।६।।

सन्मुख में ध्येय स्वयं प्रकट, जीवन का सर्वस्व अर्पण।
लवलेश शेष न अंतर, ''जगराम'' अवलंब तर्पण।।७।।

कर्म पंथ पर चलते-चलते

कर्म पंथ पर चलते–चलते, नव पंथ निर्माण करें।
दीपक सा जलते जलते, घोर अंधकार हरें।।१।।

अंतरतम में भक्ति भावना, निरासक्ति का अटल व्रत,
धर्म क्षेत्र की ओर प्रमाण, ध्येय समर्पित पूर्ण कृत।।२।।

श्रद्धा का उर पूर्ण प्रभाव, कर्म का गंगा प्रभाव।
श्रुति का परिपूर्ण तेज, समन्वित यज्ञ सुफल चाह।।३।।

पूर्ण समर्पण, शेष न किंचित, दिव्य ध्येय ही स्वप्न मात्र।
विजयोन्मुखी उदात्त भाव आत्म हुति को जब पात्र।।४।।

अडिग संकल्प ही शकित पुंज, आशा का अनथक दीप।
अविराम यज्ञ की मनोवृत्ति, उद्‌भव को आतुर सीप।।५।।

तिल–तिल का सर्वस्व भेंट कर, आत्म हवन नीव धरें।
दीप वर्ति से अखण्ड जलकर कल्प वृक्ष से अक्षय फरें।।६।।

कठोर साधना से संभव, संपूज्य ध्येय की थाती।
निष्काम भावना से संभव, ''जगराम'' प्रदीप्ति बाती।।७।।

हृदयों के संताप हरें

हृदयों के संताप हरें, अमिय–धार बन कर।
अंधकार सब दूर करें, अखंण्ड दीप जलकर।।१।।

पग–पग पर सुमन बिछौना, कंठ सुगंधित हार।
ममता का सिर का आंचल, आशीष उपहार।।२।।

द्वार पर गंगा की धार, मंत्रों का मंगल स्वर।
सकल तीर्थों का समागम, सुरों के अक्षय वर।।३।।

सावन की अखण्ड बौछार, घोर ताप से मुक्ति।
उद्धार का पंथ अत्यंत सुगम, सन्मुख में स्वयं मुक्ति।।४।।

प्रदीर्घ काल की प्रतीक्षा, सुधा स्पर्श से संभव।
अंधकार से विमुक्ति तभी, जब भानु का उद्भव।।५।।

आलिगंन ही समाधान, सानिध्य ही निदान।
उद्धार यज्ञ तब फलीभूत, व्रत''समिधा'' समान।।६।।

बाहों में सबको समेट, कोई दूर न हो।
''जगराम'' पंथ अवलंबन, फिर से भूल न हो।।७।।

कभी ग्रहण न लगने देना

कभी ग्रहण न लगने देना, पूर्णिमा के मुख पर।
कभी दूर न जाने देना, निरा–शून्य क्षितिज पर।।१।।

चिर यत्नों से जो दीप जला, फिर बुझने न पाये।
कांटों में प्रसून खिला, मुरझाने न पाये।।२।।

रंग–बिरंगे सुमनों से पूर्ण, आह्लादित अंतरतम।
सुप्रभात की नव किरणों से, आलोकित पंथ सुगम।।३।।

सर्वत्र सुधा की मधु बौछार, हृदयों का समागम।
अविराम आलिंगन प्रवाह, मधु अनुभूति अनुपम।।४।।

सावन सा हरा भरा अजिर, उत्सवी आनंद अखण्ड।
नवोत्साह भरा वायुमण्डल, अभिनंदित ज्वार प्रचण्ड।।५।।

आत्मविस्मरण ही अंधकार, का अखंडित कारण।
असावधानी ही अवसान, का निश्चय आमंत्रण।।६।।

कोटिक पुरखों का वलिदान, व्यर्थ न जानें पाये।
''जगराम'' तट जब आयें तब, रिक्त न वापस आयें।।७।।

आत्मसंयम से

आत्मसंयम से, गंतव्य तीर।
दृढ़ पतवार से, संभव क्षीर।।१।।

यदि अडिग संकल्प, तो पथ शरण।
यदि अंतर्वल प्रवल, तो लक्ष्य चरण।।२।।

यदि गति भूचाल, तो पथ निर्भय।
यदि मति अविश्रान्त, तो सिद्धि निश्चय।।३।।

यदि उर में ज्वार, तो रत्न उद्‌भव।
यदि पूर्ण समर्पण, तो स्वर्ग विभव।।४।।

कर्त्तव्य पथ पर जो, अविराम दृढ़।
वलिदान के लिए, जो उत्सुक गढ़।।५।।

उद्यम से ही नव भोर आनंद।
दीप से ही तम, निस्तेज कुंद।।६।।

स्वधर्म अवलंबन, ही मोक्ष पथ।
आत्म हवन प्रवृत्ति, ''जगराम'' अथ।।७।।

परस्पर पतवार बनें

परस्पर पतवार बनें, तरनी आधार बनें।
सात्विक आचरण करें, युग के अनुसार चलें।।१।।
सौभाग्य से मनुज तन, अंतर में भक्ति भाव दृढ़।
आचरण में अडिग प्रण, कर्त्तव्य में अविराम बढ़।।२।।
अखण्ड आशीष तीर, 'नव प्रभात' तिमिर चीर।
स्वयं में स्वयं क्षीर, सन्मुख में गंगा नीर।।३।।
सुगंधित वातावरण, कंठ में नव आभूषण।
आश्चर्य चकित संकर्षण, सातत्य पूर्ण आचरण।।४।।
प्रसून–हार गले में, गणना अत्यंत भले में।
'संतोष' पूर्ण–डले में, स्वर्ग अनुभूति तले में।।५।।
पुनरुत्थान तभी संभव, मैत्री भाव जब उद्भव।
संकल्प जब भोर विभव, सुदूर स्वयं पराभव।।६।।
आत्म हवन करनें को, पंथ सुधा भरने को।
बढो स्वयं चलने को, ''अंगद पग'' धरने को।।७।।
सबको गले लगाओ, उपवन सुमन खिलाओ।
नव विजय पर्व मनाओ, ''जगराम'' जय गुंजाओ।।८।।

पुरखों का सम्मान करें

पुरखों का सम्मान करें, परम्परानुसार चलें।
दीप से अविराम जलें, वलिदान को उद्यत रहें।।१।।

भागीरथ के घोर तप, से गंगा भू पर आयी।
नव वसंत की मधु बहार, मानो नव भोर लायी।।२।।

महायज्ञ की अनल शिखा, वलिदान से प्रचण्ड हुई।
शाश्वत अनंत की ओर, उत्तरोत्तर अखण्ड हुई।।३।।

शुभ यज्ञ पूर्ण पश्चात ही, महा अभियान रथ रुका।
घोर साधना के सन्मुख, उत्कर अभिप्राय स्वयं झुका।।४।।

अवलंबन फिर पंथ, का अलंघ्य अवरोध बना।
पुनर्शून्य से क्षितिज पर्यन्त, मानो धुप–कुहास घना।।५।।

पुनर्साधना से प्रभात, का मधुर आनंद संभव।
आत्म हवन से संजीवन, अपेक्षित सुफल का उद्भव।।६।।

हुतात्माओं को शांति, भव बंधनों से पूर्ण मुक्ति।
नव जीवन का स्वप्न पूर्ण, ''जगराम'' के लिए मुक्ति।।७।।

भेदभाव को पूर्ण मिटाकर

भेदभाव को पूर्ण मिटाकर, समरसता का करें आचमन।
घोर तिमिर में दीप जलाकर, नव प्रभात का हो शुभागमन।।१।।

आपस में सौहार्द्र बढ़े नित, ऐसी ही साधना अपेक्षित।
आपस में संवाद बढ़े नित, ऐसी ही योजना अपेक्षित।।२।।

अन्तर्बाह्य में न कोई अंतर, मानो धवल नवनीत स्वरूप।
सर्वत्र पारस्परिक मलय सुगंध, अवाक स्वयं प्रकृति छबि अनूप।।३।।

सभी का सभी पर समान स्वत्व, कोई परिजन रहे न वंचित।
सभी जगह हो मान सभी का, कोई कोना रहे न वर्जित।।४।।

हवन कुण्ड में अपनी आहुति, डालने का अधिकार समान।
सबके शीश पर समान रूप, से आशीषों का हो वितान।।५।।

सभी को सभी करें स्वीकार, और बनें वैशाखी सबकी।
सबके लिए सब बनें पतवार, पार लगायें तरनी अटकी।।६।।

जब सामुहिक हो अखण्ड प्रयास, तभी सिंधु से अमृत घट निकले।
जब असुरों का पूर्ण पराभव, ''जगराम'' का तभी साथ मिले।।७।।

बचन पालन सच्ची पूजा

बचन पालन सच्ची पूजा, यही सच्ची श्रद्धांजलि।
कथनी करनी अभेद्य स्वरूप, स्वागत में सुमनांजलि।।१।।

सोच समझकर ही आगे जो, अपने कदम बढ़ाता।
लक्ष्य स्वयं उसके चरणों में, अपना शीश झुकाता।।२।।

परोपकार का संकल्प ले, जो दीपक बन जलता।
घोरतम–विजन–निष्प्राण में, सुपंथ प्रदर्शक बनता।।३।।

नव पंथ के निर्माण कार्य, के लिए जो आत्महोम।
स्वयं को गरल पान में सुख, औरों को भेंट सोम।।४।।

तिल तिल जलकर आत्म हवन, की परिपाटी डाली।
यज्ञ सुगंध से आह्लादित, उपवन की हर डाली।।५।।

मूल्यों के लिए न्योछावर, पुनरपि भोर का दर्शन।
समरसता की सर्वत्र सुगंध, स्तंभित–अपलक–परिवर्तन।।६।।

घोर संकटों को सहकर, मर्यादा की स्थापना।
कटिवद्ध–सजग–अडिग प्रहरी, "जगराम" की भावना।।७।।

गुणों की पूजा से

गुणों की पूजा से, मिलती सुख शांति।
स्वधर्म के पालन से, मिटती पथ भ्रांति।।१।।

धर्म के सिद्धांत ही, योग्य मार्ग दर्शक।
चिर अवधारणा ही, अविश्रान्त प्रवर्तक।।२।।

निष्काम कर्म ही योग्य, परिणाम द्योतक।
अविरत साधना का, वरदान मोदक।।३।।

समर्पण की भावना, ही निर्माण गंगा।
शाश्वत अधिष्ठापना, ही संस्कार गंगा।।४।।

सनातन सभ्याचरण, एकमेव आशा।
स्वस्थ वातावरण ही, सृजन अभिलाषा।।५।।

निर्माण का संदेश, निरन्तर प्रक्रिया।
आत्म हवन अखंडित, 'घन तम' में दिया।।६।।

युगानुकूल उत्थान, अखंडित प्रवाह।
''जगराम'' का प्रयास, पंथ नवोत्साह।।७।।

नेह के बेर के आगे

नेह के बेर के आगे, अमिय फीका।
श्रद्धा के ज्वार के आगे, गगन नीचा।।१।।

यदि अंतर में विश्वास अटल, तो नभ चरण।
यदि आराधना अकिंचन, तो पथ शरण।।२।।

कर्म ही सृष्टि का महामंत्र, अपितु अखंडित।
श्रद्धा ज्ञान का पूर्ण विलय, किंचित दण्डित।।३।।

करुणा का अथाह सागर, सुधा अपार।
मैत्री का निरन्तर प्रवाह, प्रसून हार।।४।।

अनन्य भक्ति भाव के आगे, राम हारे।
ममत्व की छांव के कारण, पंथ बिसरे।।५।।

झलक मात्र से वेसुध तन, शिला स्वरूप।
स्पर्श मात्र से पूर्ण अचेत, शव प्रतिरूप।।६।।

उत्कट एकात्म भक्ति भाव ने, प्रभु बनाया।
''जगराम'' ने तम में दीप, नव जलाया।।७।।

दुर्गुणों की पूजा ही

दुर्गुणों की पूजा ही, काल का आमंत्रण।
कुपंथ का अनुगामी, संभ्रम का अनुसरण।।१।।

मिथ्या आकर्षण के जो, प्रिय दास बन गये।
परिवर्तन के कुचक्र में, आकंठ डूब गये।।२।।

ऐसे बंधन जैसे, कारा की जंजीर।
ऐसे कंटक जैसे, विष बुझे से तीर।।३।।

मर्यादा की प्राचीर, तोड़ पूर्ण अवलंब।
परम्परागत सुपंथ, छोड़ वेबस अविलंब।।४।।

निष्प्राण पंथ पर चला, पंडित अभिमानी।
अनुष्ठान को निष्फल कर, बढ़ा मूढ़ ज्ञानी।।५।।

अखंडित सुप्रवाह का, अवरोध बन गया।
चिर स्वप्नों के पंथ में, 'घोर तम' छा गया।।६।।

भागीरथ बन तप ही, अब शेष सहारा।
सभ्याचरण से संभव, ''जगराम'' किनारा।।७।।

ज्ञान कभी न घृणा योग्य है

ज्ञान कभी न घृणा योग्य है, अपितु गुणहीन अपावन।
घोर भ्रम में समाधान है, अपितु क्षीर–हीर सावन।।१।।

शाश्वत धर्म विहीन आचरण, निरा पशुवत सी काया।
क्षणभंगुर तन्त्र का उपासक, पूर्ण माया की छाया।।२।।

सनातन संस्कृति के गंगा के, सुधा नीर से जो वंचित।
घन घोर निशीथ का अनुचर, सात्विकता अंतर किंचित।।३।।

करुणा रहित हृदय पाषाण, विकट थार सी अनुभूति।
मैत्री विरहित कंटकमय पथ, अनुरक्त भोर की विभूति।।४।।

उत्कट भक्ति बिना आत्म प्रवल, पंथ में ज्योतिमयि संवल।
मधुफल की पूर्ण संभावना, अंतिम अविजित अंतस्तल।।५।।

श्रद्धा ही आधार पंथ का, शूलों पर पुष्पों सा सुख।
अविश्रान्त प्रवाह की सुमीत, तदपि तीर न किंचित दुख।।६।।

ज्ञान पूर्ण होकर भी शून्य, श्रद्धा बिना चाहत निष्फल।
भक्ति अंतर ज्वार प्रवल तब, "जगराम" के चरण कमल।।७।।

प्रेम में तो शूल भी

प्रेम में तो शूल भी, फूल जैसे।
शिखर से अवरोध भी, धूल जैसे।।१।।

सहसा अंतर में जब, प्रकट होता।
नव अजस्र स्रोत का तब, उदय होता।।२।।

प्रचण्ड ज्वार बनकर जब, कदम धरता।
महाप्रलय स्वयं ही तब, विमुख हटता।।३।।

क्रूर झोंके से सभी, तरु–ढह गये।
सपनों के शिखर सभी, गर्त बन गये।।४।।

सावन बौछारों से, नीड़ उजड़ा।
शेष रहा अतीत का, करुण दुखड़ा।।५।।

विटप बक्ष चीर पीपल, जन्म हो गया।
मूल को रौंद स्वयं ही, सिद्ध हो गया।।६।।

नव पथ का सूत्रपात, भव्य हो गया।
''जगराम'' भंवर में लुप्त, हव्य हो गया।।७।।

नेह के अभाव में

नेह के अभाव में, घर बदलते देखे।
घृणा के प्रभाव में, उर खंडहर देखे।।१।।

अपनों ने ही क्रूर, घन ठोकरें मारी।
ढोर से वर्ताव ने, बना दिया भिखारी।।२।।

लड़ते लड़ते जर्जर, होकर थक गया हूँ।
निरा पशु सा जीवन, बनकर रह गया हूँ।।३।।

आज तक बस आशा, में ही जी रहा हूँ।
भोर सुधा के लिए, तम से लड़ रहा हूँ।।४।।

आंचल की छांव की, बस चाह थी अनथक।
ममतामय गोद की, बस आश थी अविरत।।५।।

पय की एक बूंद की, बस प्यास थी अखंड।
हृदय से लग जाने, की भूख थी प्रचण्ड।।६।।

बुझते हुए कुलदीप, को फिर से जलाओ।
आलिंगन "जगराम" दीपोत्सव मनाओ।।७।।

ममत्व का अपमान संजीवनी बनेगा

ममत्व का अपमान संजीवनी बनेगा,
घोर संकट में वही प्राण रक्षा करेगा।।१।।
आंतरिक संवेदना का प्रवाह प्रचण्ड।
ध्येय के लिए सर्वस्वार्पण का भाव अखण्ड।।२।।
निर्मल मन से यज्ञ आरम्भ ही फल दायक।
साध्य के सन्मुख साधु सर्व होम सुख दायक।।३।।
अविश्रान्त साधना से गंगा सागर मिलन।
निष्काम भावना से अक्षुण्ण सुधा आलिंगन।।४।।
अविराम आहुति भावी पंथ का दिग्दर्शन।
परिणाम का साधन अक्लांत मूक प्रवर्तन।।५।।
पूर्ण में विलय पूर्णका, पूर्ण निश्चित पूर्ण।
अंतर्वाह्य अविचल पूर्णतया किंचित न घूर्ण।।६।।
साध्य–अर्पित–साधना कटिबद्ध, थामने को।
सात्विक अभीष्ट आतुर शिखर लांघने को।।७।।
किंचित भी निंदा की 'लघु आहट', भी शूल।
कठोर–साधना के सन्मुख शिखर भी धूल।।८।।
निंदा के बदले स्तुति का ही पूर्ण संवरण।
कृतज्ञ भाव से जो संभव वह सम्याचरण ।।९।।
आदि से अंत तक के बीच का धर्म सेतु।
चेतना के संज्ञान का अखंडित हेतु।।१०।।
निंदा की किंचित लघु कोर तक न अपेक्षित।
यथासंभव स्तुति ही, 'बस' 'जगराम' निवेदित।।११।।

उपकार में जीवन समर्पित

उपकार में जीवन समर्पित, इच्छित न ढेर।
जहां अपेक्षित वहां उपस्थित, किंचित न देर।।१।।
जहां घोर घनांधकार हो, वहीं दिनकर।
सभी कुछ प्रतिकूल हो, वही हाथ सिर पर।।२।।
दशा को लख ठिठके न कदम, आंचल छांव।
कारा से मुक्त आश्रर गोद, स्वस्थ बक्ष–घाव।।३।।
आलिंगन को अंतरतम, अतीव ललक।
ममत्वमयि सुधा की बूंद बन, आतुर पलक।।४।।
ताप से तप्त को सावन की, फुहार–भोर।
संभ्रम भंवर में पतवार ही, अंतिम डोर।।५।।
वंचित न कोई क्षीर से, व्यथित जीवन।
सम्मान अधिकारी यथोचित, पुनश्च यौवन।।६।।
संपूज्य हों समान परस्पर, किंचित न भेद।
''जगराम कार्य में हो तत्पर, विनम्र निवेद।।७।।

सुमनों से उपवन की शोभा

सुमनों से उपवन की शोभा, अमिट पहिचान।
शैशव से आंगन की शोभा, स्वर्गिक अभिमान।।१।।

ममता के सुधानीर से जब, कोई वंचित।
मधुर क्षीर के अभाव में, जब, कोई मूर्च्छित।।२।।

कलंक का टीका सा लगा, तब, कोना दिखता।
इसी लाज के कारण पीछे, जाकर छिपता।।३।।

अपमान की ज्वाला में सदा, जलता रहता।
लोक–लाज के कारण, निरन्तर, छिपता रहता।।४।।

यदि नेह का सुधा–नीर सहज, ही मिल पाता।
तो न कोई कोना उपेक्षित, सा रह पाता।।५।।

बन जाते सब ('प्रसून') शेष न, कोई रहता।
मधु वासंती आनंद सर्वदा, छाया रहता।।६।।

खिले हुए सुमनों के आत्मीय, पालक बनना।
''जगराम'' आंचल की ओट दे, विपदा हरना।।७।।

परिजनों के सुख दुख में

परिजनों के सुख दुख में, परछाई बनूंगा।
शीतल छांव का झोंका, बन संताप हरूंगा।।१।।

संबंधों को किंचित सुदूर, तक न जाने दूंगा।
तरु के पात को असमय, झड़ने नहीं दूंगा।।२।।

आलिंगन कर बाहो में, हृदय लगा रखूंगा।
ममतामय आंचल की, छाव शीश करूंगा।।३।।

गोदी के अधिकार से, वंचित नहीं करूंगा।
जीवन के हर मोड़ पर, दीपक बन जलूंगा।।४।।

अंगुली पकड़कर पंथ पर, चलना सिखा दूंगा।
पंथ में ''मील का पत्थर'', बनना सिखा दूंगा।।५।।

जब तक अपने पगों पर, स्वयं चलने लगे न।
तब तक अपना अभय छत्र, शीश पर से हटे न।।६।।

माली बन निष्काम भाव, से संरक्षण करना।
उपवन के कल्याण हेतु, ''जगराम'' से बनना।।७।।

दुखियों के घाव

दुखियों के घाव, भरता रहा।
घन–संकटों को, हरता रहा।।१।।

शीतल छांव बन, पथ में रहा।
मलय सुगंध बन, अखण्ड बहा।।२।।

आंचल की ओर, सर्वदा बना।
ममता सुधा से, सींचा गला।।३।।

पथ में दीप बन, अविरत जला।
पथ में मीत बन, अनथक चला।।४।।

करुणा की धार, बहायी नित्य।
आशीष का छत्र, शीश पर नित्य।।५।।

बक्ष से लगाकर, पय पिलाया।
अंगुली पकड़ कर, पग चलाया।।६।।

पूर्ण वत्सल भाव, से पालना।
'सम्पूर्ण 'जगराम' सा ढालना।।७।।

काम आना और के

काम आना और के, यही एक शिक्षा।
विमुक्त! कारा तोड़ के, यही अपेक्षा।।१।।

भाग्य से नर तन मिला, वरदान श्रेष्ठ।
प्रभु कृपा से सब मिला, अधिष्ठान ज्येष्ठ।।२।।

कृतज्ञ भाव से सर्वदा, चलो पंथ पर।
मधु–आत्मीय भाव से, मिलो हंसकर।।३।।

सद्‌गुणों का जो अक्षुण्ण, भण्डार पाया।
आशीषों का जो मधु प्रसाद पाया।।४।।

सहज ही में जो अक्षय, उपहार मिले।
जीवन के उपवन में, नव सुमन खिले।।५।।

सुगंध से वंचित रहे न, कोई कोना।
समरसता का अंतर, सुबीज बोना।।६।।

दीप से अखंण्ड जलकर, पथ–तम हरना।
'उपकार हित'' जगराम'' जैसा बनना।।७।।

वेदना सृजन का कारण

वेदना सृजन का कारण, शाश्वत सत्य।
प्रेरणा, किन्तु न अंतर, अखण्ड नित्य।।१।।

सहसा अंतर में अनुभूति, कंटकमय।
असहजता का किन्तु स्वभाव, निरा विस्मय।।२।।

बक्ष चीर शिखर की चाहत, अंतरतम।
अभिमान नित्य, किन्तु न आहट, निःशब्द सुगम।।३।।

कौतूहल भोर आमंत्रण, ध्येय अटल।
नवजात प्रसून आकर्षण, प्रेम प्रवल।।४।।

घोर भ्रम किन्तु नवोत्साहित, स्मित–आनंद।
अंबार–तम में आह्लादित, दीप अखंड।।५।।

अंधकार में प्रकाश, अति, मूल्यवान।
आवश्यकता जननी हेतु, दीपदान।।६।।

घोर निशा के कारण ही, भानु उदय।
अभिलाषा के कारण ही, संभव अक्षय।।७।।

आशीषों की चाह नहीं, निष्काम कर्म।
उद्यम की सबल बाह गही, शेष स्वधर्म।।८।।

परिणाम स्वयं अनुसंधानों, से आये।
ध्येय पथ में क्यों न घोर,– घन छाये।।९।।

चरैवेति का महामंत्र, अपनाया।
नव सुमनों से आंगन को महकाया।।१०।।

विजन पंथ में अखण्ड दीप, बन जाओ।
'निष्प्राण ''जगराम'' सुमन से, खिल जाओ।।११।।

योजना ही कार्य का

योजना ही कार्य का, परिणाम है।
संकल्प से पूर्ण होता, अनुष्ठान है।।१।।

कल्पनाओं का अंतर, अंबार हो।
संवेदना का प्रचण्ड, अंगार हो।।२।।

अनंत सात्विक प्रेरणा, अक्षुण्ण प्रवाह।
चिर सनातन चेतना, पूर्ण उत्साह।।३।।

अविराम 'कर्म–ज्ञान–भक्ति, का संयोग।
पंथ के व्यवधान से, विमुक्ति निरोग।।४।।

समर्पण से शुभारम्भ, भवितव्य निश्चय।
निष्काम का ही अवलंब, सुनिश्चित विजय।।५।।

साधना ही मोक्ष का, द्वार अंतिम।
निर्मल भाव से संभव, तीर, अप्रतिम।।६।।

दृढ विश्वास, नित्य प्रयास, वलिदान वृत्ति।
सुधा की क्षुधा अंतर, ''जगराम'' कृत्ति।।७।।

सामर्थ्य के अनुसार

सामर्थ्य के अनुसार, उपयोग हो।
आवश्यकतानुसार, उपभोग हो।।१।।

दायित्व का परिपूर्ण, संज्ञान हो।
स्वधर्म से किंचित भी न, अभिज्ञान हो।।२।।

कर्तव्य पंथ का अखण्ड, अवलंब हो।
संकल्प का प्रवाह हित, अनुबंध हो।।३।।

प्रेरणा का निरन्तर, दीप प्रज्ज्वलित।
संवेदना अंतः करण, में नित्य स्फुरित।।४।।

साधन की अपेक्षित, आपूर्ति जब।
परिणाम की मंगल, अनुभूति तब।।५।।

तेज पुंज प्रभाव से, निस्तेज संभ्रम।
अविश्रान्त प्रवाह से, गंतव्य सुगम।।६।।

धर्म की पुर्नस्थापना, दृढ़ भक्ति सहित।
निष्काम कर्म का भाव, आसक्ति रहित।।७।।

स्वप्न उपकरण द्वारा, सागर मिलन।
आत्म हवन–''जगराम' पथ अनुगमन।।८।।

ध्येय के लिए

ध्येय के लिए, सर्वस्व समर्पित।
अवशेष का, शेष न किंचित।।१।।

निष्काम भाव, अंतर अंकुरित।
अखण्ड दीप, प्रखर प्रज्ज्वलित।।२।।

निर्मल मन की, अविच्छिन्न त्वरा।
साधना की, अक्षुण्ण धारा।।३।।

विशुद्ध सात्विक, आराधना।
अतीव उत्कट, संवेदना।।४।।

अंतः करण में, प्रचण्ड पावक।
आत्म हुति को, उद्यत साधक।।५।।

धर्म स्थापना, का स्वप्न मात्र।
अमिय घर सा, निर्लिप्त पात्र।।६।।

उपहार स्वयं, का न समझो।
'जगराम' को, भेंट कर दो।।७।।

जब सब मिलकर एक...

जब सब मिलकर एक, साथ हुंकारेंगे।
संगठित होकर जब,–कदम बढ़ायेंगे।।१।।

बाधायें स्वयं ही, शीश झुका देंगी।
निर्मम पथ को सुमन, शय्या बना देंगी।।२।।

पतझड़ में वसंत, बहारें खिलेंगी।
शोक में निमग्न घट, में सुधा भरेगी।।३।।

रिक्तता की संपूर्ति,–क्षण में हो जायेगी।
पूर्णता की मंगल,–ध्वनि छा जायेगी।।४।।

संकेत मात्र से,–फल मिल जायेगा।
महामृत्युंजयि मंत्रः,–सिद्ध हो जायेगा।।५।।

नूतन उपहारों, से सत्कार होगा।–
समर बिना कंठ में, विजय हार होगा।।६।।

संघ ही समस्याओं,–का समाधान है।
जीवन निर्माण का,–मंगल अधिष्ठान है।।७।।

स्नेह के सूत्र से,–टूटे उर जोड़ो।।
''जगराम''–सुधा से,–रूठे बंधु जोड़ो।।८।।

अब तो जय उसकी बोलेंगे...

अब तो जय उसकी बोलेंगे,जो धनुष उठायेगा।
रणभूमि में अत्याचारी का, जो रुधिर बहायेगा।।१।।

स्तुति करने योग्य वही जिसका,कथनी–करनी समान।
नित्य अनुकरणीय वही जीवन, जो निर्मल गंगा समान।।२।।

जलने वाले दीपक से ही,तम विनाश की आशा।
फलने वाले तरुवर पर ही, आश्रित अगणित स्वांसा।।३।।

उदय प्रलय रवि को सब कोई, नमन किया करता है।
भोर प्रदीर्घ प्रतीक्षा में भी, आशान्वित रहता है।।४।।

बरसने वाले बादल सदा,–सर्वदा पूजे जाते।
देवों के सिर पर वासंती,–प्रसून ही चढ़ पाते।।५।।

विजयी योद्धा ही पुष्पहारों, से सम्मानित होता।
बहने वाला नीर सदा ही, निर्मल–पवित्र–शुभ होता।।६।।

उद्यम से शाश्वत शांति रूपी, मंगलमय फल मिलता।
आत्म–हवन से ही आशीषों,–का नवप्रसून खिलता।।७।।

कर्मवीर बनकर विजन पथ पर,–स्वयं ही अविराम चलो।
''जगराम'' जैसा आचरण कर,–दिव्य ध्येय के लिए बढ़ो।।८।।

संगठित शक्ति, जब सूर्य...

संगठित शक्ति जब सूर्य, बन कर उगेगी।
संकट की घटायें, क्षण में छटेंगी।।१।।
क्रूर निशा का पूर्ण, अवसान होगा।
निष्प्रायी जीवन का, अधिष्ठान होगा।।२।।
आतंकी साया का, भूत भागेगा।
सपनों का कंचन दुर्ग,–उध्वस्त हो जायेगा।।३।।
निष्कंटक साम्राज्य तब, अश्रु बहायेगा।
अपनी चिता को स्वयं, ही जलायेगा।४।।
कंचन दुर्ग नयनों के, आगे ढहेगा।
मिथ्या प्रयासों का सुफल, धू धू जलेगा।।५।।
शरणागत हो प्राण, भिक्षा मांगेगा।
अहंकार का सिर संघ, चरणों झुकेगा।।६।।
महासमर में संघ, की विजय होगी।
तत्पश्चात पुनर्धर्म की,–स्थापना होगी।।७।।
प्रभु की संतान सब, कोई न छोटा।
उत्तराधिकारी सब, कोई न खोटा।।८।।
अपनेपन की डोर से, स्वजन बांधो।
जननी की गोद बन, ममत्व से पालो।।९।।
स्वजनों को स्वजन के, हृदय से जोड़ो।
भेद की कारा को, स्नेह से तोड़ो।।१०।।
परस्पर प्राचीर बन, जब खड़े होंगे।
तिमिर के प्रहरी तब, नत मस्तक होंगे।।११।।
आशीषों का हाथ, सबके सिर रखो।
''जगराम'' बन समदर्श भाव से देखो।।१२।।

संगठन ही सफलता...

संगठन ही सफलता, का अजस्र स्रोत।
समाधानों की सुधा, से ओतप्रोत।।१।।

अविराम सजग प्रहरी, कर्तव्य परायण।
आत्म हवन द्वारा दृढ़, व्रत पारायण।।२।।

निर्मल गंगा धारा सा, अविचल प्रवाह।
ध्येय हित पूर्ण समर्पण, किंचित न चाह।।३।।

आत्मवलिदान से ही, दुर्ग का निर्माण।
अखंडित अनुष्ठान से –वसुधा कल्याण।।४।।

अभेद्य प्राचीर से ही प्राण रक्षा।
निश्चय सिद्ध, साधना की, दीर्घ प्रतीक्षा।।५।।

अंतर्बाह्य हित अविचल, प्रज्ज्वलित दीपक।
नैराश्य में आशमय, शुभ मार्गदर्शक।।६।।

निस्वार्थ प्रेम की सुधा संचार कारण।
आशीषों का अखंड, सुदृढ़ आवरण।।७।।

जगत कल्याण के लिए, बलिदान करो।
"आत्महुति" "जगराम" सा अनुष्ठान करो।।८।।

संगठन अस्तित्व आधार होता है...

संगठन अस्तित्व आधार होता है।
अवरोध में दृढ़ प्रहार होता है।।१।।

हिमाद्रि सा सजग प्रहरी होता है।
मान की पवित्र देहरी होता है।।२।।

शक्ति पुंजभानु का रूप होता है।
विश्वास का अगाध कूप होता है।।३।।

अक्षय सुखशांति का द्वार होता है।
विजयी अमूल्य उपहार होता है।।४।।

संकट घड़ी में पतवार होता है।
कंठ में विजय का हार होता है।५।।

सिर पर आंचल की छांव होता है।
निर्माण में वामन पांव होता है।६।।

अंतर में उपकारी व्रत होता है।
दृग–सन्मुख अखंड ध्येय पथ होता है।।७।।

संगठन अभेद्य–पूर्ण, छावनी है।
संगठन समर में घन दामिनी है।८।।

संगठन ही कलि की संजीवनी है।
''संगठन'' ''जगराम''–स्मृतिपावनी है।।९।।

स्नेह सुधा की फुहार से...

स्नेह सुधा की फुहार से,
हृदयों में नव ज्वार उठा।।
मधुमममता रूपी घृत से
बुझा हुआ दीप जल उठा।।१।।
आत्मीय स्पर्श सुनिश्चित स्पंदन,
सौहार्द्रपूर्ण–बर्ताव धृत।।
आकण्ठ निरन्तर प्रवाह,
डर आलिंगन अविराम व्रत।।२।।
शीश पर सर्वदा अभयहस्त,
पथ में सुहृदय अविराम।।
निष्काम–भाव से अभिन्न संग,
किंचित न अवशेष–विराम।।३।।
ममतामयि आंचल का सुख,
सुधाममि पथ का वरदान।।
अंक का अधिकार पूर्ववत,
कल्याण हित मातृ–बलिदान।।४।।
जीवन की सम्पूर्ण समर्पित,–
सुधा, मंगल अधिष्ठान हित।।
परिणाम स्वयं सन्मुख उपस्थित,
नवनिर्माण के अनुष्ठान हित।।५।।
ज्वार रत्न प्राप्ति तक अविचलन,
प्रचण्ड प्रवाहमान रहे।।
अभिन्न संग तब तक, जब तक,
तरनी अंतिम तीर न गहे।।६।।
अपने पंखों के वल पर,
जब तक स्वयं उड़ने न लगें।।
अंगुली–पकड़–''उसी गति में',–
''जगराम'' बन अनथक चलें।।७।।

जल उठा यदि दीप तो...

जल उठा यदि दीप तो, तिमिर का पराभव।
मंगल वातावरण से, नवोत्साह संभव।।१।।

निराशा के हृदय में, आशा का संचार।
मानों निष्प्राण में पुनः, नवप्राणमय धार।।२।।

शैथिल्य में भी अनथक, गंगा सा प्रवाह।
अचल के अंतर में भी,– अखण्ड प्रचल उछाह।।३।।

शून्य से ब्रह्माण्ड तक, की ऊंची उड़ान।
अटल विश्वास एवं संकल्प, से ही नव–विहान।।४।।

अंतर की कल्पना ही, सृजन का आधार।
कर्तव्य–योजना ही शुभ–परिणाम–सार।।५।।

कथनी जबकरनी की डोर से बंधती।
दिव्य कृति–रूप, मंगलमय प्रतिमा सी लगती।।६।।

गंतव्य को पाने का, तपस्या ही साधना'।
''जगराम'' की शरण तब– जब व्रत, आत्महवन।।७।।

कोई सोता नहीं रहा...

कोई सोता नहीं रहा, वसुधा पर।
किंचित अंधकार नहीं रहा, वसुधा पर।।१।।
किंचित भी नहीं रही दुविधायें।
किंचित भी नहीं रहीं, बाधायें।।२।।
किंचित भी नहीं रहा, पथ संभ्रम।
किंचित भी नहीं "जरा" चिरउद्गम्।।३।।
भय की घनघोर घटायें, दूर हटीं।
भय कारी तम–परछाई, पूर्ण छंटी।।४।।
भोर अमिय घट लेकर स्वयं ही आया।
नव सुमनों का पर्व घर घर में छाया।।५।।
चिरविजय हेतु रण के लिए, पुनः प्रस्थान।
शुभ परिणाम से ही संभव, नवोउत्थान।।६।।
हार बन गये सभी सुमन, उपवन के।
मीत बन गये सभी बंधु, कानन के।।७।।
अंधकार को चीर दिनकर, प्रकट हुआ।
"जगराम" व्रत आत्महुति में पूर्ण हुआ।।८।।

प्रयास भी निष्फल हुए...

प्रयास सभी निष्फल हुए, अंतिम में खड्ग उठायी।
दीप सभी निस्तेज हुए, अंतिम में अग्नि लगायी।।१।।

सुपंथ पर चलनें का, निरन्तर आग्रह किया।
विनाश से बचने का, पूरा सुअवसर दिया।।२।।

घोर अपराध को भी, ''क्षमा'' अधिकार होता।
घोर अंधकार में ही दीप का मान होता।।३।।

संस्कार ही भले–बुरे, अपितु व्यक्ति कदापि नहीं।
परिणाम ही शुभ–अशुभ, अपितु यज्ञ कदापि नहीं।।४।।

अपराधी को ही दण्ड, किन्तु न परिजन–पुरजन।
अमा का ही पूर्ण अंत, पूर्णि–का न चीर हरण।।५।।

घोर मेघ के कारण ही आलोक से वंचित।
पतझड़ के कारण ही, वासंती के स्वप्न खंडित।।६।।

तम का शीश कुचलना ही बस चिर समाधान।
जननी की पुर्नप्रतिष्ठिा, ''जगराम'' का अनुष्ठान।।७।।

टूटे हुए हृदयों को...

टूटे हुए हृदयों को, प्रेम ही बांध सकता।
कंटक कीर्ण मार्ग के, अवरोध लांघ सकता।।१।।
        शिखर का शीश झुकता, स्वयं ही विवश होकर।
        उदधि ज्वार बन उठता, सुधा का कलश लेकर।।२।।
अनंत मेघ लालायित, अवनि से आलिंगन को।
मिलन में अश्रु बौछार, आकण्ठ', तज बंधन को।।३।।
        लोकरंजन तभी संभव, जब अखण्ड–उदधि–मंथन।
        भोर की तब अनुभूति, जब विजय ज्वार स्पंदन।।४।।
शूल तब सुमन समान, जब लक्ष्यहित एकाकार।
धूल तब स्वर्ग अधिष्ठान, जब आत्महुति आधार।।५।।
        घनघोर अंधकार का, प्रभाव निस्तेज होता।
        निराशा का मेघ भी, अविलंब निष्प्राण होता।।६।।
प्रेमरूपी शिलाओं, से महासेतु बनता।
धनांधकार को चीर, "जगराम" सूर्य–उगता।।७।।

यदि चाहो तो...

यदि चाहो तो सब कुछ संभव।
नहीं तो निश्चय, घोर पराभव।।१।।

यदि संयम का अतुलित कोष'।
तो न रहें संकल्प, किंचित भी शेष।।२।।

यदि विवेक से, आत्मीय संबंध।
तो पथ में मधु, सुरभित प्रबंध।।३।।

यदि स्वधर्म संकल्प, एकमेव सतत।
तो तरनी को, मधु–तीर निश्चित।।४।।

यदि अंतर निर्मल,–भक्ति की धारा।
तो लक्ष्य ने स्वयं, जीवन तारा।।५।।

यदि श्रद्धा कलश, भेंट में मिला।
तो असमय में, नव सुमन खिला।।६।।

यदि मन भ्रम तो, बाजी हारी।
यदि उमंग तो, विजय अनुचरी।।७।।

जैसी आकृति, वैसी रचना।
जैसा सपना, वैसी अर्चना।।८।।

कल्पनायें ही, नव जन्म लेतीं।
नव सुमनों से, घर भर देती।।६।।

कर्म की डाली, में फल लगता।
प्रवाह का ही, सूरज उगता।।१०।।

सन्मुख में ही, भानु आभास।
"विमुख" जगराम" हित व्यर्थ प्रयास।।११।।

निष्काम प्रवाह सन्निहित...

निष्काम प्रवाह सन्निहित, साधना व्यर्थ न जाती।
लोक संलिप्त भावना, तीर अवश्य ही पाती।।१।।
अंतर के आंगन में, यदि कर्म की निर्मल धार।
अस्तु अनथक प्रवाह ही, गंतव्य का दृढ़ आधार।।२।।
निरासक्तिपूर्ण–समपर्ण, से मंगल अधिष्ठापना।
फलस्वरूप अविश्रान्त, यज्ञनिहित–संवेदना।।३।।
ज्ञान–पंथ में सर्वदा, पथिक को संवल देता।
संकल्प–ध्येय हित, पंथ का संभ्रम हर लेता।।४।।
किंचित भी न शेष स्वयं, के सन्निकट रहे जब।
तरनी को तीर मिले, भोर साकार हो तब।।५।।
विश्राम अलंघ्य अवरोध, फलतः पश्चाताप शेष।
भयकारी विपदायें, पग–पग पर प्रतिनिमेष।।६।।
निरासक्ति भाव से मुक्त, साधना ही चिर शांति।
लोकहिताय अखण्डित, ''जगराम'' को वन क्रांति।।७।।

समान योगदान हो...

समान योगदान हो, धर्म–अभियान में।
प्रसून न्योछावर हो, पुर्नजागरण में।।१।।

भेंट के लिए ही सुमन, उपवन में खिला।
कंठहार के लिए ही, मलयी–तन मिला।।२।।

तन हरनें के लिए ही, दीप अनथक जला।
नवप्रभात के लिए ही, स्वयं पंथ पर चला।।३।।

तीर की लालसा ने, तंत्र को गति दी।
उद्‌दिष्ट की संपूर्तिहित, मंत्र आहुति दी।।४।।

वसंत की मधु भाती, उपकार के लिए।
सावन के अमूल्य रत्न, उपहार के लिए।।५।।

आत्म हवन से ही यज्ञ,–की संसिद्धि सुनिश्चित।
प्राणमय सुधा के लिए, परम्परा अखंडित।।६।।

निर्माण यज्ञ में अपनी, भी आहुति भेंट।
''धर्मष्ठान हित'' जगराम'' सी कस लो फेंट।।७।।

उद्यम के आगे...

उद्यम के आगे, पथ हारा।
गंतव्य चरणों में, बलिहारा।।१।।

संकल्प अडिग तो, विनय शरण।
साहस अदम्य तो, तीर–चरण।।२।।

अजस्त्र स्रोत तो धार अखण्ड।
अंतर ज्वार तो, वेग प्रचण्ड।।३।।

प्रज्ज्वलित दीप से, तिमिर दूर।
प्रवल प्रवाह से, शिला–चूर।।४।।

भोर से आशा का संचार।
पतझड़ में वसंत, की बहार।।५।।

ज्वार के आगे, शिखर ढेर।
प्रलय के आगे, निमिष ढेर।।६।।

स्वधर्म पालन से, तरनी तट।
"आहुति"–"जगराम"– अत्यंत निकट।।७।।

सत्य की विजय...

सत्य की विजय, होती सदा।
धर्म ही संग, रहता सदा।।१।।

अंधड़ में जो, अविचल रहा।
ताप में जो शीतल रहा।।२।।

संताप भी, सुदूर रहा।
अभिशाप भी, निर्मूल रहा।।३।।

शूल भी नव, सुमन जैसे।
"बंधन"–रक्षा सूत्र जैसे।।४।।

विष घूंट भी, सुधा समान।
घोर तम में दर्शन विहान।।५।।

मर्यादाओं, के लिए होम।
किंचित चाह न गोद सोम।६।।

धर्म की रक्षा, हितार्थ जला।
कर्तव्यपथ पर, अनथक चला।।७।।

उपकार में, जीवन अर्पित।
परिणाम की, चाह न किंचित।।८।।

दीप बन नित्य, जलता रहूं।
पथालोकित, करता रहूँ।।९।।

पथिक के सब, संकट हरूं।
मीत बनकर, संग संग चलूं।।१०।।

अधिष्ठान के लिए अनुष्ठान।
चिर–शांति के लिए बलिदान।।११।।

धर्म–नाव की – गति अविराम।
"बस पथ शेष, "अब "जगराम"।।१२।।

निर्माण ही आदि...

निर्माण ही आदि अंत का कारण।
नवोत्कर्ष–अपकर्ष, हेतु अखंडित प्रण।।१।।
वत्सल गोद उदित, किरण का पलना।
निष्प्राण की शांति, भोर का ढलना।।२।।
नूतन उपहार, आलोकित दीप।
नैराश्य–संताप विमुक्त,–शेष दीप।।३।।
प्रवाह का मीत, गंतव्य–तीर तक।
मृतप्राय–संगीत, शोक–मग्न अपलक।।४।।
भोर साँझ समिश्र, उत्प्रेरक प्रवाह।
उत्तल–अवतल की अभिन्न–सुदृढ़ बांह।।५।।
तीर सुदूर की, अविराम यात्रा।
संभ्रम की निःशब्द, स्वरहीन मात्रा।।।६।।
उद्भव सुमन शिखर, अनंत की शोभा।
विप्लव तिमिर प्रखर, अचंभित–शोभा।।७।।
अधिष्ठान मंगल, परिणाम द्योतक।
विध्वंस प्रवलतम, निष्प्राण उद्घोषक।।८।।
आलोक–तन का, आश्चर्यचकित व्रत।
उत्थान–पतन पथ, शंकित निरामृत।।६।।
आलोक का स्मित, मंगलकारी क्षण।
अंधकार का अति, विस्मित जागृत व्रण।।१०।।
निर्माण हवन में, दृष्टि ही आधार।
कल्पना से रूप ''जगराम''–सत्कार।।११।।

अपने लिए सबको न झोंको...

अपने लिए सबको न झोंको।
भंवर मध्य पतवार न फेंको।।१।।

प्रवाह सदा गतिमान रहे।
गंतव्य हेतु अनुष्ठान रहे।।२।।

स्वार्थ तम में डगर न भूलें।
अहंकार में अनल न छूलें।।३।।

स्वार्थ साधना ही धुंध निशा।
सभ्रंम के कारण विस्मृति दिशा।।४।।

मन की हठ विनास का कूप।
अंधकार में अनुभूति धूप।।५।।

चकाचौंध का मिथ्या आकर्ष।
काल यवन को आतुर सहर्ष।।६।।

खंडहर हुआ सब फिर भी दंभ।
जबकि ध्वंस पर अवाक् अचंभ।।७।।

भस्म की ढेरी पर भी घमण्ड।
अमावस में भी भानु–प्रचण्ड।।८।।

अहं का अंत भयानक होता।
प्रतिफल वही जो फल बोता।।९।।

बहुजन हिताय निज का हवन।
'विमुक्ति''–''जग''राम'' की जब शरण।।१०।।

धर्म पथ पर चलने वाला...

धर्म पथ पर चलने वाला, ही जय पाता है।
वलिदान होने वाले का, जग गुण गाता है।।१।।

धीरज का आलोक सर्वदा, घोर तम में आश।
क्षमा का ममतामयी संरक्षण, प्रेरक पुनर्प्रयास।।२।।

अंतर्बाहय विकारों का भी निरा घोर दमन।
मन की अजेय मनोवृत्तिका, अनथक आत्म हवन।।३।।

इंद्रियों का पूर्णतः नियमन, साफल्य योग निश्िंचत।
पूर्ण परिष्कृत आवरण चतुर्दिक्, मल शेष न किंचित।।४।।

निरासक्ति मनोभाव प्रावल्य, अविरत कर्मप्रवाह।
ध्येय पंथ का संपूर्ण ज्ञान, प्रचण्ड उत्तुंग उछाह।।५।।

सतत प्रयत्न की ललक अंतर, अनंत चाह प्रबल।
अविजित व्योम के अविचल स्तंभ, सत्य अनुप्राण अतल।।६।।

निर्मल भाव–भंगिम–अनुरागी, शांत–अथक चित्तवृत्ति।
आचरण ही शुभ परिचायक, अपेक्षित मंगलकृति।।७।।

धर्माधारित जीवन रचना, ध्येय पंथ प्रदर्शक।
साधना की मूल प्रेरणा, स्वधर्म–वेग प्रवर्तक।।८।।

धर्म ही सत्य का शाश्वत रूप, धर्म–प्रकृति संतुलन।
''धर्म विधान'' जग''राम'' अन्तिम, परिणाम सनातन।।९।।

रेत के ढेर पर कौन...

रेत के ढेर पर कौन, कब तक टिका है?
पराये सहारे गंतव्य, किसको मिला है?।।१।।

झूठ के वल प्रवाह का, अस्तित्व क्षण भंगुर।
आधार हीन बीज में संभव ही न अंकुर।।२।।

स्वप्नों का मोक्ष भी, घोर–निराशों का फल।
कल्पना की मिथ्या उड़ान, परिणाम में फल।।३।।

नश्वर जीवन पर दंभ की, निष्प्राय साधना।
सूक्ष्म में निरा स्कूल की, निरुद्दिष्ट याचना।।४।।

सुमनों का पर्व तभी तक,–जभी तक यौवन।
वसंत का हर्ष तभी तक,–जभी तक सावन।।५।।

भोर के बिना निशा का, आतंक कब मिटा।
तीर के बिना नाव का, नहीं संभव भला।।६।।

उद्यम के पथ से ही, गंतव्य गोद मिले।
प्रवाह के अखण्ड व्रत से, मंगल दीप जले।।७।।

तात्कालिक वैभव घोर–संकटों का घर।
भ्रमित विहंग की तरनी, अनंत में अधर।।८।।

धर्म के स्तंभों पर ही नव, प्रासाद संरक्षित।
"जगराम" का, जब अनुगम, तब ध्येय सुरक्षित।।९।।

अपनों के सुख छीन...

अपनों के सुख छीन, सुखी न रहा कोई।
अपनों के "पर" छीन, उड़ा न गगन कोई।।१।।

मैत्रीभाव से जो, स्वजन गले लगाता।
जीवन पंथ स्वयं ही, पुष्पहार पहनाता।।२।।

पुष्प बिछौना बनकर, पंथ में बिछ जाता।
आंचल का छत्र शीश, पर छांव बन जाता।।३।।

करुणा सुधा फुहार, बनकर जब बरसती।
विजन की नीरवता, मुँह छिपा कर भगती।।४।।

बाहों में भर ह्दय, के घाव सब भरती।
कण्टकाकीर्ण पथ के, संकटों को हरती।।५।।

पंथ का सच्चा मीत, स्वयं पथिक ही होता।
अंतर का मधुर गीत, स्वयं अंतर ही होता।।६।।

पुष्प के वलिदान पर, निर्भर उपवन गौरव।
दीपक के सामने, चकनाचूर भैरव।।७।।

स्वजन नही स्वजनों के, पथ जब बोये शूल।
स्वर्ग का आनन्द बन जाये पग की धूल।।८।।

स्वजन के कारण ही, स्वजन स्वर्ग पाते हैं।
स्वजन के कारण ही, मृत्यु भूल जाते हैं।।९।।

तरनी की पतवार, स्वयं ही बनें परस्पर।
वसंत के उपहार, स्वयं ही बनें निरन्तर।।१०।।

स्वयं भेंट चढ़, स्वजन प्राणपण से पालो।
"जग"राम" बन, करके इतिहास रच डालो।।११।।

हठ होती बिनास का घर...

हठ होती बिनास का घर, दंभ बुझाये दीप प्रखर।।१।।
सावन स्वप्न रहे अधूरा, जीवन–यज्ञ न संभव पूरा।।२।।
नेह–नीर बिना खंडहर, कुलदीपक के प्राण–अधर।।३।।
प्रतीक्षा स्वयं निशा हो गयी, आशा की किरणें सो गयी।।४।।
छांव बिना तरु मुरझाऐ, पंथ में घोर मेघ छाये।।५।।
अनुकूलता से जब द्रोह, प्रतिकूलता से तब छोह।।६।।
धार विपरीत तरनी पथ, आलोक से तिमिर को रथ।।७।।
प्रतिकूलता में मधुमास, लोक विरुद्ध पंथ का प्रयास।।८।।
अनीति पथ को धर्म समझा, अंधकार को मर्म समझा।६।।
जो रक्त से दीप जलाये, उन्हें असमय स्वयं बुझाये।।१०।।
अपने लिए भेंट चढ़ायी, स्वयं ही होलिका जलायी।।११।।
उपवन भस्म की ढेर बना, सूना हो गया पालना।।१२।।
आर्तनाद स्वर शेष समर, अवरुद्ध हो गयी स्वर्ग–डगर।।१३।।
पश्चाताप ही शेष रहा, स्वप्नों का कंचन महल ढहा।।१४।।
अपने आत्महवन से नव, सुमनों का वसंत–महोत्सव।।१५।।
माली से उपवन की महिमा, माली से अमा–कालिमा।।१६।।
परहित में वलिदान करो, ''जगराम'' बन उत्थान करो।।१७।।

भय से कब तक बांध सकोगे...

भय से कब तक बांध सकोगे? महाकाल को पाटी में।
वल से कब तक रोक सकोगे, महाज्वार को घाटी में।।१।।
कारा के बंध भी निस्तेज हुए, बंधनों की निष्ठुरता क्लांत।
प्रलयंकर मेंघों का प्रभाव, निरा निःशब्द स्तब्ध पूर्ण शांत।।२।।
निशा की लघु अभेद्य सीमा बाधाओं से निश्चिन्त पथिक।
निष्प्राण श्मसान के भय कंपित, स्वर से आत्म समर्पित बधिक।।३।।
कठोर दण्ड से किंचित न संभव, अंतर का मूक परिवर्तन।
अवरोधों से किंचित न संभव, प्रवाह का किंचित उच्छेदन।।४।।
वाणी के पीयूष तीर से, नतमस्तक चरणों में घृणा।
आत्मीयता पूर्ण आलिंगन, से परिपूर्ण संतुष्ट तृष्णा।।५।।
मधु–बाहों का आवरण चतुर्दिक, हृदय में आश्रय अखंडित।
अंतः की उदारता–विशालता, अखंडित करती पथ–खंडित।।६।।
निस्वार्थ स्नेह से बंध सकती, जीवन चक्र की सब कड़ियां।
आत्म हवन से शुभ हो सकती, ''जगराम'' की शेष घड़ियां।।७।।

एक दिन सोने का महल...

एक दिन सोनें का महल,– भी ढह जायेगा।
एक राख की ढेरी बन, कर रह जायेगा।।१।।
निज स्वार्थ में शोणित की, एक नदी बहायी।
निज स्वार्थ में स्वजनों की, भी भेंट चढ़ायी।।२।।
झूठ के पंथ पर चल कर, उन्नत शिखर पाया।
दंभ के शीश पर चढ़कर, जय–डंका बजाया।।३।।
स्वजनों का रुधिर पीकर, पिपासा बुझायी।
स्वजनों का सुख छीनकर, दिवाली मनायी।।४।।
अस्थि और शोणित से भव्य, कंचन–दुर्ग बनाया।
अंधकारमय साम्राज्य का, तंत्र फैलाया।।५।।
पाप घड़ा जब भरेगा, स्वयं फूट बहेगा।
अवशेष भी न रहेगा, धूल में मिलेगा।।६।।
समाधि पर खड़े होकर, आंसू बहाना।
और अपनी करनी पर, रह रह पछिताना।।७।।
अधर्म का पंथ ही घोर, विनाश आमंत्रण।
अनीति का तंत्र ही क्रूर, साम्राज्यवाद प्रण।।८।।
धर्म पथ ही अविराम स्वर, धर्म–व्रत ही अखंडित स्फुर।
धर्म कर्म ही सनातन स्वर, "धर्म यज्ञ ही" "जगराम" घर।।९।।

अपने हाथ से क्यों...

अपने हाथ से क्यों? बुझा रहे हो दीप।
स्वयं ही क्यों? जा रहे, हो काल के समीप।।१।।

जिस उपवन को रुधिर, से निरंतर खींचा।
जिस उपवन का भरा, सदा ही घट रीता।।२।।

बासंती सुमनों से, पूर्णतया सजाया।
वसुंधरा को स्वर्ग सा, ही सधन्य बनाया।।३।।

निज वक्ष से लगाकर, प्राण समान पाला।
पथ का अंधकार हर, किया पूर्ण उजाला।।४।।

आशीषों का हाथ, सदा शीश पर रखा।
जीवन पथ में बना, अत्यंत निकट का सखा।।५।।

अपने स्वार्थ के लिए, न–घर–खंडहर करो।
स्वजन की भेंट चढ़ा, न सिंहासन पर चढ़ो।।६।।

अहंकार के कारण– ग्रास न बनें परिजन।
अंधकार के कारण, खंडित न हो दीप–प्रण।।७।।

बहुजनहिताय आत्म, हवन मात्र अपेक्षित।
''जगराम'' बने तभी,– परिणाम अप्रत्याशित।।८।।

जो जलाये दीप...

जो जलाये दीप, सब बुझा दिये।
अपने ही हाथों, पदचिन्ह् मिटा दिये।।१।।
कड़वे बीजों में, कड़वे फलते।
मीठे बीजों में, मीठे फलते।।२।।

रेत पर बना दुर्ग, ढह जायेगा।
भाग्य का भानु भी, छिप जायेगा।।३।।
मिथ्या चरण का तो, परिणाम मिथ्या।
सभ्याचरण का तो, परिणाम सभ्या।।४।।

झूठ की सम्पत्ति का, विनाश सुनिश्चित।
शोणित के यज्ञ का, सुफल, प्रायश्चित।।५।।
अधर्म का अवलंबन, तिमिर का साथ।
असत्य का अनुसरण, काल का हाथ।।६।।

अनीति के पथ से, वापस, न संभव।
क्षितिज के पार तो, जीवन असंभव।।७।।
गंतव्य की चाह ले, जो पंथ चला।
फलस्वरूप उसका, ही हुआ भला।।८।।

परहित में पुष्प सा, जीवन समर्पित।
ध्येय साधना का, संकल्प अखंडित।।१०।।
कथनी–करनी से, अनहित न किंचित।
आशीष से शेष, न रहे वंचित।।११।।

अपने लिए स्वजन, की भेंट नहीं।
स्वजन हित ''जगराम'', की भेंट सही।।१२।।

कपट भी दिवस हो गया...

कपट भी दिवस हो गया, पैर तान कर सो गया।
घोर अमा में खो गया, भाग्य का भानु छिप गया।।१।।
मन का पाप ही तो सब, समस्याओं का आगार।
भ्रम की छांव हो तो सब, अवरोधो का आधार।।२।।
प्रवल चाह ही तो कुपंथ,– के लिए साहस करती है।
अतीव लालसा ही तो, जड़ में वास करती है।।३।।
उपलब्धि पर हर्ष का प्रचण्ड,– ज्वार गर्जना करता है।
अनुपलब्धि पर पश्चाताप,– निष्प्राय अहं भरता है।।४।।
''परिणाम शुभ'' देवों की मनोवृति का परिचायक।
परिणाम अशुभ दुष्टों का, कुपंथ अनुगमन सहायक।।५।।
अर्थाधार व्यवस्था निपट, स्वार्थ का सागर अथाह।
भोग वासना का अखण्ड, निरा उर्ध्वाधर प्रवाह।।६।।
मोक्ष के लिए लालायित, अपितु अवलंब धर्मविहीन।
धर्म विरहित कर्म अंधकार, का आमंत्रण, दिशाहीन।।७।।
लोकविरूद्ध साधना भी, कुपंथ को प्रेरित करती।
असात्विक प्रेरणा–अधर्म, को अति उद्वेलित करती।।८।।
धर्मविरहित जीवन–घोर, निराशा का महासागर।
पतवार विरहित तरनी, आकण्ठ लिप्त मध्य–भवर।।९।।
धर्म के चरणों में अधर्म, अंततः शरणागत हुआ।
''कुपंथ संग –त्याग'', ''जगराम'',– का पूज्य अभ्यागत हुआ।।१०।

दीपक वहीं जलाये जाते...

दीपक वहीं जलाये जाते, जहाँ अंधेरा होता है।
प्रसून वहीं चढ़ाये जाते, जहाँ सवेरा होता है।।
प्यासे को नीर पिलाना ही, परम–पुनीत कार्य होता।।
भूखे को धान्य खिलाना ही, पावन–यज्ञ समान होता।।
दुखियों का ताप मिटाना ही, जीवन की अमिट साधना।
पतितों को गले लगाना ही, पूर्ण निष्काम आराधना।।
सज्जनों की पूर्ण सुरक्षा का, बिन बोले मंगल अभिवचन।
निर्माण यज्ञ का पूर्ण संरक्षण, सद्कार्यों का अभिनंदन।।
युवानों को अनिष्ट व्यसनों से, पूर्ण विमुक्ति का संस्कारपीठ।
प्रचण्ड वेग को गंतव्य दिशा ही, रण में अविस्मरणीय जीत।।
संकट में निरपेक्ष सहायता, मिलनें का आशाकेन्द्र।
अंतर परोपकारी मनोवृत्ति, अंधकार का मूलोच्छेद।।
मातृशक्ति की निर्भयता अखण्ड, सभ्याचरण का आश्वासन।
द्रोही शक्तियों पर प्रबल धाक स्थापन का अखण्ड अनुष्ठान।।
कल्याणार्थ सुयोग्य उपलब्धि का,– पूर्ण सफलतम विद्यापीठ।
नवोत्थान का सिद्ध महामंत्र, आत्महवन का अखण्ड गीत।।
पिछड़ों–बिछड़ों को उचित पंथ, अविराम यज्ञ अपेक्षित है।
चिनगारी ज्वालामुखी बने, किन्तु निराशा उपेक्षित है।।
शीतल छांव मलय बयार बन, वसंतोत्सव का आनंद।
अवलंबन के अभिन्न कगार बन, विजन पंथ में भानु–चंद।।
भाग्य कपाट स्वयं खुल जाते, भले कितनी विषम परिस्थिति।
''स्वप्न सभी साकार हो जाते,– ''जग''राम'' को जहां उपस्थिति।।

राजा यदि प्रजा पालक हो तो...

राजा यदि प्रजा पालक हो, तो धरा स्वर्ग बन जाती।
यदि दृढ़ कर्तव्य पारायण हो, तो गंगा भू पर आती।।
जननि की ममता बन करके, पुलकित हो कण्ठ लगाता।
आंचल का छत शीश पर कर, नव वसंत बन छा जाता।।
अंगुली पकड़ कर पैरों पर, चलना सर्वदा सिखाता।
स्वावलंबी बन जानें का, सिद्ध महामंत्र बताता।।
नैराश्य में वैशाखी बनकर, पंथ पर कदम बढ़ाता।
अक्लांत–समर्थ पतवार से, नाव को दिशा दिखाता।।
निष्प्राय पंथ में सच्चा मीत, शीतल–छांव बन जाता।
ताप और संताप सभी हर, सुधामय लेप लगाता।।
परछांई बन संग निभाता, पथ अंधकार मिटाता।।
उज्ज्वल–भाग्य सूरज उगाता, स्वर्ण सिंहासन बैठाता।।
जननी–जनक, बंधु, सुत, सखा, पग पग पर सुमन आकर्ष।
निराशा में आशा छवि द्युति, ऊषा–मध्य समन्वय सहर्ष।।
परोपकार के लिए समर्पित,– जीवन ही सच्चा नायक।
अधिष्ठान के लिए आत्म हवन,– "जग"राम" सा जन्म सार्थक।।

राजा हो छत्र गगन सा...

राजा हो छत्र गगन–सा, और फुहार सावन की।
राजा हो छवि सुमन सी, और सुंगध उपवन की।।१।।
वरद–हाथ हो शीश पर, आशीषों का अंबार।
अखण्ड संग हो पंथ में'' सुमनों सा उपहार।।२।।
समरसतामय अमिय दृष्टि, करुणा–ममता युक्त झलक।
सावन जैसे अश्रु अजस्र, आत्मीय प्रवाह अनथक।।३।।
सुधा से आकण्ठ बचन, मनोयोग का आकर्षण।
गंगा सी पावन धारा, शैशव का अभिन्न संरक्षण।।४।।
अंतःकरण की विशालता आलिंगन की उत्सुकता।
सम्मानित स्थान सुनिश्चित, संवेदित अति भावुकता।।५।।
समेट लेनें का सद्गुण, अभेद्य आवरण प्रतीक।
अंतर्बाह्य सुरक्षा का प्रण, परछांई सदृश्य प्रतीत।।६।।
समत्वभाव से संबर्द्धन, सर्वांगीण विकास संकल्प।
सिद्धांत और व्यवहार, समन्वित उद्दिष्ट हेतु प्रकल्प।।७।।
परोपकार में समुद्यत, अग्रसर का भाव अनथक।
महायज्ञ के लिए आतुर, लक्ष्य हेतु प्रयास अपलक।।८।।
आत्म हवन युक्त साधना, समष्टि हेतु आराधना।
परमेष्ठि तक की कामना,–''जग''राम'' यही प्रार्थना।।९।।

एक के अपराध का...

एक के अपराध का, दण्ड सबको।
अंत के परिणाम का, डर सबको।।१।।
धर्म से विरत नेतृत्व, तिमिर सखा।
स्वधर्म से विमुख कर्त्तृत्व–भ्रमित सदा।।२।।

गति हीन प्रवाह को, लक्ष्य असंभव।
पंखहीन उड़ान को, द्युति पराभव।।३।।
दिशा–विहीन तरनी, संकट में।
संकल्प विखण्ड जीवन, मरघट में।।४।।

कुपंथ का परिणाम, घोर तिमिर।
निरा दंभ अभिमान, ध्येय अधर।।५।।
हठीली नभ गर्जना ताण्डवी।
रक्त रंजित उत्सर्जना क्रुद्ध भैरवी।।६।।

गिरि से, भू–वक्ष लात, कुत्सित–प्रयत्न।
तंत्र पर बज्राधात, पंथ में विघ्न।।७।।
संसाधनों का दोष, भी होता।
जो कुछ पाया वही, तो बोता।।८।।

पंथ का अंत हो ही, जाता है।
तंत्र भस्म तो बन ही, जाता है।।९।।
अपने स्वार्थ के लिए न किंचित पल।
"जगराम" के सन्मुख न, झोंको–कल।।१०।।

अपराध स्वयं अक्षम्य होता है...

अपराध स्वयं अक्षम्म होता है, चाहे जैसा भी हो।
जैसा फल वैसा फलता है, कठोर प्रयत्न भले हो।।१।।

अंधकार का अंत तभी, जब–पूरब में सूर्योदय।
अवचेतन में तभी चेतना, पुनरपि अनुकूल समय।।२।।

निराशा का साम्राज्य खंडहर,–आशा का बज्राघात।
कुपंथ का प्रवाह खण्ड–खण्ड,–सुपंथ का नव प्रभात।।३।।

पराभव स्वमेव आश्चर्य चकित, विजयोल्लास क्षितिजशिख।
घोर निशा का समूल विनाश, ऊषा के कदम–उन्मुख।।४।।

पल की देरी नहीं स्वीकारी, समय पालन अखण्ड व्रत।
प्राणों से भी प्रिय कर्तव्य–पंथ, जीवन प्रवाह अविरत।।५।।

दोषमुक्त दृष्टि से अन्याय निश्चित, पक्षपात कारण भेद।
अनिष्ट व्यसन का पूर्ण संरक्षण, अंहकारी दुर्ग अभेद्य।६।।

अपराध का संरक्षण निर्माण,– यज्ञ का विध्वंस सुनिश्चित।
अपराध का समूलोच्छेदन,–"जगराम" पुनश्च प्रतिष्ठित।।७।।

कार्य हुआ पूर्ण अब...

कार्य हुआ पूर्ण अब, यहाँ व्यर्थ रहना।
जो चाहा वह फला, शेष न चाहना।।१।।
जिस पथ पर बढ़ा था, वस्तुतः था निष्प्राय।
तिमिर चीर चला था, किंचित न निरुपाय।२।।
जो कभी भी न किया, वह सब कुछ किया।
जो था रीता घड़ा, उसको भर दिया।।३।।
पंथ के लिए सब कुछ, न्योछावर किया।
जो था बुझा दीपक, उसे जला दिया।।४।।
स्वयं ही चलकर नव–पथ निर्माण किया।
स्तंभ बन, पथिक का, पथप्रदर्शन किया।।५।।
परहित में बलिदान, की नींव डाली।
निराश में आशा को मधु–सुधा घोली।।६।।
भेद का कूप पाट, सूत्र में बांधा।
परस्पर कण्ठ मिल गये, सब तोड़ बाधा।।७।।
आत्मविस्मृति से विमुक्त, अभेद्य बन गये।
महाकाल गाल से,–पुनरपि बच गये।।८।।
निशीथ को भूलकर,–यज्ञ आरम्भ किया।
संगठन ही शक्ति पुंज,–ऐसा मंत्र दिया।।६।।
निस्वार्थ प्रेम ही एक मात्र साधन है।
हृदय की विशालता सुसमाधान है।।१०।।
मनुज संग मनुज सा,वर्ताव अपेक्षित।
अंतर का अंतर से, संबंध प्रस्थपित।।११।।
एकाकार रूप में, जब शक्ति प्रकट हो।
तब तीर स्वयं ही आ, रथ के निकट हो।।१२।।

विजय स्वयं ही कण्ठ में, डाले–जयमाल।
स्वाभिमान का पुनश्च, उन्नत हुआ भाल।।१३।।
तिमिर का अंत, और–भोर की प्रतिष्ठा।
प्रवाह बंधन से मुक्त, प्रगत।।
विशुद्ध–निष्ठा।।१४।।
धर्म, सत्य की स्थापना, साकार सपना।
''जगराम''– कार्य पूर्ण, क्षमा! अब प्रार्थना।।१५।।

महाप्रलय में भी सत्य...

महाप्रलय में भी सत्य, जीवित रहता है।
सनातन प्रवाह सदृश, अखण्ड बहता है।।१।।
घोरतम में भी अखण्ड, दीप बनकर जला।
अपनी आहुति देकर, किया सृष्टि का भला।।२।।
अंधड़ में भी वट वृक्ष, सा दृढ़ खड़ा रहा।
प्रचण्ड वेग की मार, को स्वयं ही सहा।।३।।
ज्वार के थपेड़ों से, किंचित भी न डिगा।
अभेद्य चट्टान बनकर, स्वयं गले से मिला।।४।।
अनल के गाल से भी, प्रहलाद बन बचा।
पतझड़ के आंगन में, सुमन बनकर खिला।।५।।
विकट प्रति कूलता में, अनुकूलता भोर।
निरा संभ्रम में सुष्पष्ट, साधना पुरजोर।।६।।
''पथ–दिशा,–प्रवाह–वेग'' पतवार सा संवल।
श्रद्धा–शक्ति–ज्ञान–कर्म,'' पुंज, ''जगराम'' ही सवल।।७।।

जिसका था उसी का अधिकार अंतिम...

जिसका था उसी का अधिकार अंतिम।
निश्चय ही परिणाम का संयोग अप्रतिम।।१।।

स्वार्थ वश किंचित भी न चाह अंतर में।
अधिकार वश किंचित न स्वार्थ डगर में।।२।।

संकल्प जो किया था निज हाथ उठाकर।
वही पूर्ण किया अहं का दुर्ग ढहा कर।।३।।

जो भी सोचा था वह पूर्ण हो गया।
अब सभी ऋण से पूर्णतः मुक्त हो गया।। ४।।

सबके स्वाभिमान की रक्षा हो गयी।
पतझड़ की साया क्षितिज में छिप गयी।।५।।

तिमिर को चीर कर रवि का उदय हुआ।
शीश झुका कर दंभ शरणागत हुआ।।६।।

नव भोर में पुनः सुमन खिल–खिला उठे।
आंचल का छत्र पा, दीप पुनः जल उठे।।७।।

संबल पा यज्ञ पुनः प्रारम्भ हो गये।
कोटि–जनों के सपने पूर्ण हो गये।।८।।

धर्म के कर में परिणाम डोर सौंपी।
थाती–परम्परागत स्वजन को सौंपी।।६।।
उपकार में जो संभव हुआ वह किया।
सबने जो कुछ दिया था वह ही दिया।।१०।।
त्रुटि जो हुई हो उसको क्षमा करना।
फलस्वरूप तुच्छ भेंट स्वीकार करना।।११।।
कंचनपुरी जन्मभू के सन्मुख धूल।
यहां का कण कण, अब तो जैसे शूल।।१२।।
जन्मभू का वियोग अब, न सह सकूंगा।
उसके बिना यहां, पल न रह सकूंगा।।१३।।
यह सृजन यज्ञ अब, बंद होने न पाये।
जलते हुए दीप, अब बुझने न पाये।।१४।।
याचना! सत्कार्य प्राणपण से करना।
''जगराम'' को अपना समझ न भूलना।।१५।

जीवनभर सबका ऋणी रहूँगा...

जीवन भर सबका ऋणी रहूँगा।
एक क्षण भी न कभी भूल सकूँगा।।१।।

प्रयत्न से जो नेह का दीप जला।
उसे बुझने कैसे दूंगा भला।।२।।

घोरतम चीर जो दिवाकर उगा।
अब न कभी बनने दूंगा अभा।।३।।

सुधा की धारा जो घर घर बही।
किंचित न खंडित होने दूँगा सही।।४।।

जिस बंधन ने एकसूत्र में बाधा।
किंचित सी न आने दूंगा बाधा।।५।।

संग रहने का जो सौभाग्य मिला।
उसी कारण पतझड़ में पुष्प खिला।।६।।

निरा अनाथ को सनाथ कर दिया।
स्वजन बन व निज, ह्दय से लगा लिया।।७।।

सधन्य हो गया, स्नेहमयि छांव पा।
भिक्षु से नाथ बना तव सहाय पा।।८।।

कंकर को, शालिग्राम बना दिया।
और धूलि को, माथे बिठा दिया।।६।।

ह्दय से अब, कभी दूर न करना।
सपनों को, चकनाचूर न करना।।१०।।

निस्वार्थ प्रेम ही, आधार जग का।
सांधिक प्रयत्न से, ही भला सबका।।११।।

निरपेक्ष भाव से हृदय लगाना।
पुनर्स्वाभिमान की सुधा पिलाना।।१२।।

प्रेम की गांठे खुल नहीं सकती।
''जगराम'' की सेना झुक नहीं सकती।।१३।।

शूल से चुभते यहां के पल सभी...

शूल से चुभते यहां के पल सभी।
धूलि के समान यहां के सुख सभी।।१।।
यह विजयोत्सव नीरस लग रहा है।
चतुर्दिक् घोर अंधेरा घिर रहा है।।२।।
जननी, जन्मभू के बिन रह न सकता।
पलभर का वियोग अब सह न सकता।।३।।
पलभर के विलंब से अनर्थ होगा।
किंचित सा विश्राम अपराध होगा।।४।।
''प्रतीक्षा–दीपक'' कहीं बुझ न जाये।
असमय सूर्य कहीं अस्त न हो जाये।।५।।
ध्वंस का कारण कहीं बन न जाऊं।
कलंक कार्य का कहीं बन न जाऊं।।६।।
सब का आजन्म आभारी रहूंगा।
इन क्षणों को कभी न भूल सकूंगा।।७।।
जो जलाया दीप वह जलता रहे।
अखण्ड जलकर घोरतम हरता रहे।।८।।
जिस तरनी पर चढ़कर तीर पाया।
वहीं बन जाये पंथ अभिन्न साया।।६।।
संबंध–प्रवाह खंडित न होने देना।
विनती! ''जगराम'' को भुला न देना।।१०।।

सबके सहयोग से ही विजय पाई...

सबके सहयोग से ही विजय पाई।
घोरतम की प्रतीक लंका ढहाई।।१।।

चिर स्वप्नों की प्रतीक्षा साकार हुई।
साधना की अंतिम आहुति पूर्ण हुई।।२।।

जिस ध्येय के लिए यज्ञ आरम्भ किया था।
उसके साफल्य का आचमन लिया था।।३।।

आत्म–हवन से ही भोर का दर्शन।
वसंत द्वार आया अंजुलि में ले सुमन।४।।

चतुर्दिक् प्रसून उपहारों के अंबार।
सकल दिशिय कर जोरि विनीत अनुहार।।५।।

रणविजयी की ही जय बोली जाती।
जय गाथा ही घर–घर गायी जाती।।६।।

विजय की नींव के पाषाण तुम्हीं हो।
प्रज्ज्वलित दीप की चिर बाती तुम्हीं हो।।७।।

निराशा में आशा की लौ तुम्हीं हो।
अंधकार में भोर की पौ तुम्हीं हो।।८।।

वट–वृक्ष बनकर अखण्ड आश्रय दिया।
ममत्व की छांव दे, ताप सब हर लिया।।६।।

बस ऐसी ही कृपा सदा बनी रहे।
मिताई ''अखण्ड दीप सी जलती रहे।।१०।।

हे तात! आज एक लघु विनम्र याचना।
''जगराम''– का आगे भी ध्यान रखना।।११।।

अब कैसे दिन कटेंगे...

अब कैसे दिन कटेंगे।
हर पल युग से लगेंगे।।१।।

अंधड़ से दीप बचाया।
जीवन सार्थक बनाया।।२।।

तिमिर में सूर्य उगाया।
पतझड़ में वसंत छाया।।३।।

पथिक को नवपंथ दिया।
चलने को संबल दिया।।४।।

नैराश्य में आश भरी।
संकटों की बदली ढली।।५।।

अनाथ को सनाथ किया।
निशीथ को प्रभात दिया।।६।।

उपकारों से सिर झुका।
आशीषों से गिरि चढ़ा।।७।।

पथ में सुमन सेज बने।
स्वयं तो शूलों पर चले।।८।।

स्वयं ने विषपान किया।
पर–को अमिय दान दिया।।६।।

आतिथ्य न भुला सकूँगा।
अब दूर न रह सकूँगा।।१०।।

दीपक यह बुझ न पाये।
धारा यह रुक न पाये।।११।।

प्रार्थना! भूलना नहीं!
''जगराम'' ही अंतिम सही।।१२।।

जो जलाया दीपक...

जो जलाया दीपक वह बुझने न पाये।
प्रवाह की अखण्ड गति, अब रुकने न पाये।।१।।
घोर तिमिर को चीर, भोर बाहर आया।
कूट–को फेंक तीर, सुधा को संग लाया।।२।।
भोर की बेला में, यज्ञ प्रारम्भ हो गये।
भोर के आंगन में, नवप्रसून खिल गये।।३।।
निष्प्राण पतझड़ स्वयं, पूर्ण खिलखिला उठा।
नव उपहार ले स्वयं, ही स्वागत को बढ़ा।।४।।
मृत पड़े तड़ाग पुनः, ऊपर तक भर गये।
मुरझाये विटप सब, रसाल से लद गये।।५।।
साधना से सत्ययुग, का जो सत्संग मिला।
प्रभुकृपा से खोया हुआ, सौभाग्य मिला।।६।।
आत्महवन से अमिय, धरा पर आ सकता।।
सत्कार्य'' से ''जगराम'' की शरण पा सकता।।७।।

प्रेम की गंगा में ही बहती रहे...

प्रेम की गंगा, यों ही बहती रहे।
हृदयों के पाप, यों ही धोती रहे।।१।।
प्रवाह दृढ़ संकल्प, ले पथ पर बढ़ा है।
बाधाओं को चीर, आगे बढ़ा है।।२।।
निर्मल और पावन, धारा बनी रहे।
परम शांति का, आधार बनी रहे।।३।।
निराशा भरे पथ में, जो सुमन खिले।
भेद की कारा तोड़, गले से मिले।।४।।
परस्पर मधुमय बाहों में समा गये।
पतझड़ में वसंत बनकर छा गये।।५।।
तम को भगाने के लिए, ही रवि उगा।
मानों उदधि में, महाज्वार बन उठा।।६।।
छिप गया निशीथ, का साम्राज्य क्षण में।
मुँह की खा गया, अहंकारी रण में।।७।।
दीप जला पंथ का, अवलंब बनकर।
मीत बना पंथ में, सुधा बिन्दु बनकर।।८।।
भागीरथ की साधना, व्यर्थ न जाये।
गंगा का अखण्ड, प्रवाह रुक न पाये।।६।।
भागीरथ बनकर के, आगे चलना।
द्वारा द्वार पर गंगा, को पहुँचाना।।१०।।
सभी मुरझाये सुमन, खिल जायेंगे।
सभी बुझे हुए दीप, जल जायेंगे।।११।।
कोटि हृदयों के, घाव भर जायेंगे।
वर्षों के सपने, पूर्ण हो जायेंगे।।१२।।
महायज्ञ चलता रहे, यही निवेदन।
''जगराम'' का बस यही अंतिम प्रबोधन।।१३।।

जब तक संगठित रहेंगे...

जब तक संगठित रहेंगे, तब तक अभय रहेंगे।
अभेद्य चट्टान बनकर के, रण में 'अडिग रहेंगे।।१।।

जब तक प्रवाहित रहेंगे, तब तक निर्मल रहेंगे।
और गंगा का नीर बन, सारे पाप हरेंगें।।२।।

जब तक अखंडित जलेंगे, तब तक तिमिर हरेंगे।
दीप बनकर के नवसृजन, का शुभ कार्य करेंगे।।३।।

पवन का प्रचण्ड वेग बन, प्रलय बनकर चलेंगे।
सभी अवरोधों को तोड़, पथ पर निर्विध्न बढ़ेंगे।।४।।

पतझड़ के आंगन में भी, जब अंगद पग धरेंगे।
नव बासंती सुमन स्वयं, ही उसी क्षण खिलेंगे।।५।।

संगठन ध्येय की चेतना, संगठन दीप बाती।
संगठन हर संवेदना, संगठन अक्षय थाती।।६।।

परमार्थ के लिए स्वार्थ का, जीवन का सर्वस्व भेंट।
''नवनिर्माण हेतु'' ''जग''राम'', के समान कसो फेंट।।७।।

बचन दो ऐसे ही रहेंगे...

बचन दो, ऐसे ही रहेंगे।
प्रवाह में संग संग बहेंगे।।१।।

स्नेह सूत्र में बंध गये सब।
मुकुर से खंडित न होंगे अब।।२।।

निर्माण यज्ञ आरम्भ हो गया।
रीता घड़ा मानो भर गया।।३।।

बुझे हुए दीप सभी जल गये।
सूखे तड़ाग सभी भर गये।।४।।

जिस पंथ पर आगे बढ़े हैं।
जीवन पुष्प चढ़ाने पड़े हैं।।५।।

निशीथ को चीर भोर आया।
नूतन सुमन थाल भर लाया।।६।।

प्रेम के कारण घृणा निष्प्राण।
सुधा के कारण अखण्ड उत्थान।।७।।

परस्पर भक्ति भाव ही आधार।
निरासक्ति व्रत जीवन का सार।।८।।

जब तक प्रेम की गंगा बहेगी।
तब तक अखण्ड ज्योति जलेगी।।६।।

जीवन भर के लिए प्रतिबद्ध हों।
"जगराम"– एकमेव संबंध हो।।१०।।

यदि रोयेंगे, तो न जा सकूँगा...

यदि रोयेंगे, तो न जा सकूँगा।
सहयोग से ही, दुख सह सकूँगा।।१।।
अनन्य प्रेम के, सन्मुख झुक गया हूँ।
भक्तिरस में डूब, कर पग गया हूँ।।२।।
जो सदा अडिग रहा, वह डिग गया।
प्रवाह स्वयं ही किनारे, रुक गया।।३।।
जटा में उलझ, गंगा सी गति हुई।
अविचल कर्तव्य की, संभ्रम मति हुई।।४।।
पराग तज भ्रमर, जा नहीं सकता।
घृत बिना दीपक, जल नहीं सकता।।५।।
प्रवाह गति प्रवाह, पर आधारित।
पंथ पर बढ़ने, को करे प्रेरित।।६।।
सांझ से पूर्व भानु, न छिप जाये।
मधुरस कहीं फीका, न पड़ जाये।।७।।
बचन भंग महा, अपराध होता।
पंथ में महाशूलों, को बोता।।८।।
नवप्रभात के लिए, बलिदान करो।
विनय! दिनकर बन, घोर तिमिर हरो।।९।।
बंधु! स्वजन को, स्वधर्म हित विदा करो।
"जगराम" को स्वजन, बन क्षमा करो।।१०।।

जो जन्मा है उसे तो...

जो जन्मा है, उसे तो, मरना पड़ेगा।
जो जला है एक दिवस, बुझना पड़ेगा।।१।।
जो खिला है उसे तो, मुड़ना पड़ेगा।
जो फला है उसे तो, झड़ना पड़ेगा।।२।।
जो हंसा है उसे तो, रोना पड़ेगा।
जो जगा है उसे तो, सोना पड़ेगा।।३।।
जो भरा है उसे तो, रिसना पड़ेगा।
जो झरा है उसे तो, मिटना पड़ेगा।।४।।
जो उठा है उसे तो, झुकना पड़ेगा।
जो चला है उसे तो, रुकना पड़ेगा।।५।।
जो लिखा है उसे तो, पढ़ना पड़ेगा।
जो घिरा है उसे तो, छँटना पड़ेगा।।६।।
नियति प्रपंच ही विचित्र, पूर्णतः अनुत्तरित।
नियति का विधान अटल, साश्चर्य विस्फारित।।७।।
पथ की प्रवाह गति भी, अकिंचन अबाधित।
नियति की अक्षुण्ण मति भी, निरन्तर उत्साहित।।८।।
प्रवाह के सन्मुख संकल्प, खंडहर होता।
निरा मंझधार में लक्ष्य,–अति दिवस होता।।९।।
हंसकर जीना सीखो, जीकर हंसना।
अग्नि–पथ चलना सीखो, किंचित न डरना।।१०।।
सार्थक हो जीवन–पुष्प, ऐसा उद्यम हो।
उपहार हो ''जग''राम''! लक्ष्य पथ सुगम हो।।११।।

विजय भी बांध न सकी...

विजय भी बांध न सकी, मोह पाश में,
किंचित भी डिगा न सकी, अनुप्रयास में।।१।।
उपहारों का कोई, भी मोल नहीं।
शूलों वाला जीवन, अनमोल सही।।२।।
कंचन सिंहासन निरा पदरजसमान।
वैभव की चकाचौंध, मिथ्या अनुमान।।३।।
कर्तव्य पंथ पर चलना, ही बस सपना।
आजीवन ठुकराया, मधुमय पलना।।४।।
ध्येय के लिए सर्वनाश, तक स्वीकारा।
कर्तव्य के लिए तोड़, दी संबंध कारा।।५।।
तिल तिल जल किया, सदा पथ आलोकित।
उपकार में किया निज,–जीवन समर्पित।।६।।
संबंधो की मोहनी, तक छू न सकी।
मोह स्वार्थ को सर्पिणी, तक डस न सकी।।७।।
कर जोरे खड़े रहे, कंचन आकर्षण।
पूर्ण असफल हो गये, सभी परीक्षण।।८।।
कर्त्तव्य के सन्मुख सबके, शीश झुक गये।
सूर्य के सन्मुख निशीथ,–दीप बुझ गये।।९।।
ध्येय पंथ पर चलने, का जिसका व्रत।
बाधायें तक उसको, पिलाती अमृत।।१०।।
कोई भी नवाकर्षण, डिगा न सकता।
कोई भी बज्राघात, झुका न सकता।।११।।
सच्चे साधक को सदा, गंतव्य मिलता।
अखण्ड साधना में ही, मधुफल लगता।।१२।।

संकल्प से ही ध्येय की, उपलब्धि संभव।
आत्महवन से आनंद, का पुनर्उद्भव।।१३।।

कर्त्तव्य की पराकाष्ठा, जीवन उद्देश्य।
''जगराम'' की पथ निष्ठा, अभिमंत्र विशेष्य।।१४।।

चल दिये ऐसे जैसे...

चल दिये ऐसे, जैसे–बस थे ही नहीं।
बन गये ऐसे, जैसे निज थे ही नहीं।।१।।
        कर्तव्य के पथ पर प्रखर, शूल भी कुंठित।
        अखण्ड व्रत के सन्मुख, प्रचण्ड, त्रिशूल भी विस्मित।।२।।
मर्यादाओं के लिए ही, जीवन बलिदान।
बचन–पालन को समझा, गर्वित स्वाभिमान।।३।।
        ध्येय के लिए सर्वस्व अर्पण, किंचित न विचलन।
        पंथ के लिए आत्महवन, किंचित न फिसलन।।४।।
उपकार में जीवन को, दीपक बनाया।
उपहार में लेशमात्र, भी न कुछ पाया।।५।।
        गले–हिमखण्ड से स्वयं, ही मूक बनकर।
        मिले स्वमेव आकण्ठ, अंतः से धूल बनकर।।६।।
अधिष्ठान हेतु साधना, की पराकाष्ठा।
पश्चिम में नवप्रभात की, पुर्नप्राण प्रतिष्ठा।।७।।
        'धर्मस्थापना' में बंधनों, से अनुबंध नहीं।
        परिणाम तक किंचित भी, आसक्ति ही नहीं।।८।।
ध्येय के लिए जो सहना, पड़े सभी सहो।
''जग''राम'' बनकर मुँह से,– कभी कुछ न कहो।।९।।

एक पल का विलंब...

एक पल का विलंब, सब छीन लेगा।
एक सूक्ष्म का छिद्र, घट रीत देगा।।१।।
प्रतीक्षा स्वयं ही, अति विकल्प होगी।
आगमन का पंथ, जोहती होगी।।२।।
अधीर हो रही होगी, उच्छ्वासें।
अवरूद्ध हो रही होगी, उसासें।।३।।
अखण्ड दीप ज्योति, भयभीत होगी।
निराशा के पंक, धंस रही होगी।।४।।
रवि विवश होगा, तिमिर कारा में
शीश विकल होगा, भोर तारा में।।५।।
असमय कहीं छिप, न जाये दिनकर।
व्यर्थ में कहीं लुट, न जाये मधुकर।।६।।
परमार्थ के लिए, आहुति भले ही।
अंधकार का अंत, दीपक जले ही।।७।।
स्वजन के लिए सब, कुछ छोड़ सकता।
स्वजन के लिए नर्क, तक भोग सकता।।८।।
स्वजन शोणित को, संचरित करते।
स्वजन जीवन का, पंथ प्रशस्त करते।।६।।
नीर बिना मीन का–जीवन अधूरा।
तात! बिना अमित भण्डार पूरा।।१०।।
बचन पालन के लिए, आहुति क्यों ? न।
नव भोर के लिए, वियोग ही क्यों? न।।११।।
परमार्थ जीवन, की अनमोल निधि।
''जग''राम'' का पथ, यज्ञ अनुष्ठान विधि।।१२।।

प्रतीक्षा में बैठा?

प्रतीक्षा में बैठा, भ्रमर मर जायेगा।
भोर के होते ही, दीप बुझ जायेगा।।१।।

निशा की लम्बी अवधि, काट ली वाट जोह।
अत्यंत तीर आ गया, ऊषा का मधु छोह।।२।।

हर पल महायुग के, समान लग रहा था।
फल के आह्लाद में, अनथक बढ़ रहा था।।३।।

प्रभात अट्टाहास में,– कहीं तुहिन लुप्त न हों।
प्रवाह के वेग में, कहीं पंथ गुप्त न हों।।४।।

उत्कट आशा से ही, अब तक संजीवित हैं।
प्रबल अभिलाषा से, प्राण संचारित है।।५।।

भोर चाहना निष्फल, नहीं होने पाये।
दृढ़ संकल्प के प्राण, व्यर्थ न जाने पाये।।६।।

परमार्थ में स्वयं का, आत्महवन स्वीकार।
''जग''राम'' का पंथ हो, सबके लिए आधार।।७।।

विजय आनंद...

विजय आनंद, धूलि मिलेगा।
क्षण भर में जल, राख बनेगा।।१।।

धैर्य का बांध, जब टूटेगा।
भाग्य का सूर्य, तब रूठेगा।।२।।

नैराश्य मेघ, घिर आयेंगे।
आश के दीप, बुझ जायेंगे।३।।

पश्चाताप ही, शेष बचेगा।
वसंत असमय, ही झड़ेगा।।४।।

सपनों का दुर्ग, खंडहर होगा।
चकोर का प्रण, खंडित होगा।।५।।

नीर से मीन का, चिर जीवन।
भ्रमर को शांति, सुमन आलिंगन।।६।।

पुनर्भोर हेतु, वलिदान भले।
''जग''राम'' शांति बरस तात! मिले।।७।।

नियति ने जो दिया...

नियति ने जो दिया, वह स्वीकार है।
भाग्य में जो मिला, वह उपहार है।।१।।

भोर का उपहास, ही अवसान है।
घोर तम का किंचित, क्या? अनुमान है।।२।।

सांझ चकाचौंध, भी अनुष्ठान है।।
सुमन भोर के लिए, शुभ अधिष्ठान है।।३।।

भोर–सांझ दोनों, ही क्रम सनातन।
सृजना में समर्पण, चिर पुरातन।।४।।

शूल सुमन दोनों, अमूल्य वरदान।
मान–अपमान भी, अटल स्वाभिमान।।५।।

स्वर्ण और धतूरा, अमृत के समान।
शून्य और ब्रह्माण्ड, संकेत विहान।।६।।

स्वकर्मों के फल, यह अंतर्स्वीकार वृत्ति।
भस्म या अंबार में, भी समान दृष्टि।।७।।

विधि के विधान पर, किंचित न शंका।
अंतिम परिणाम पर, अपेक्षित डंका।।८।।

सुख–दुख दोनों को, समझो! अमिय फल।
"जग"राम" की भांति,–संवार लो! कल।।९।।

जीवन के अंतिम क्षण तक...

जीवन के अंतिम क्षण तक, दुर्दिन पीछे पड़े रहे।
शोणित के अंतिम कण तक, प्रतिबिंब बन कर खड़े रहे।।१।।
वसंत आगमन से पूर्व, पतझड़ कुंज में छाया।
खिलने से पहले सुमन, निराशा में मुरझाया।।२।।
नव भोर के आंगन में, सांझ की आतप छाया।
मानो अंधेरा काली, चादर ओढ़ कर सोया।।३।।
परछाई बनकर कभी, पल भर पीछा न छोड़ा।
मानो–ईश्वर जीव सा, ही अभिन्न नाता जोड़ा।।४।।
सुख–दुख में सदैव संग, प्रवाह में अविरत चले।
दीप ज्योति सी अभिन्न छवि, एक होकर अखंड जले।।५।।
अनुकूल–प्रतिकूल वेग, अविराम उत्प्रेरक पंथ।
संपूज्य प्राकृतिक सौंदर्य, फलस्वरूप सुखमय अंत।।६।।
दोनों वरदान अमोघ, यही है विधि का विधान।
"जग"राम" बनकर ही ला, सकता मंगल नव बिहान।।७।।

जीवन आँसू में बीत गया...

जीवन आंसू में बीत गया।
वसंत पतझड़ में रीत गया।।१।।

सुधा से भरा घट फूट गया।
सुमन का सौभाग्य रूठ गया।।२।।

विवसता की कारा में फंसा।
उपहास अट्टहास कह हंसा।।३।।

सपनों का उपवन उध्वस्त हुआ।
पौरुष समर में परास्त हुआ।।४।।

बुझे दीपों को जला न सका।
घर का अंधेरा मिटा न सका।।५।।

कंटक पंथ से बीन न सका।
मलय सुगंध बहा नही सका।।६।।

पग पग कंटक उपहार मिला।
असमय मुरझाया सुमन खिला।।७।।

सब कुछ होकर बना भिखारी।
ग्रास विहीन सन्मुख की थारी।।८।।

वैभव निरा राख की ढेरी।
मौत शीश पर किंचित न देरी।।६।।

भाग्य से अधिक कभी न मिलता।
जैसा तरु वैसा ही फलता।।१०।।

करनी से रवि उगता ढलता।
करनी से पथ दीपक जलता।।११।।

शुभ करनी ही सौभाग्य धवल।
अशुभ करनी ही दुर्भाग्य अतल।।१२।।

जैसा खेत बीज बोओगे।
वैसा अंत में फल पाओगे।।१३।।

यदि स्वधर्म का पालन करोगे।
तो ''जग''राम'' समान बनोगे।।१४।।

स्वजन के अभाव...

स्वजन के अभाव में कंचन,–
महल भी पर्णकुटी बन गया।
सौभाग्य के सन्मुख कर्तव्य के,–
स्वप्नो का अडिग दुर्ग ढह गया।।१।।
नियति का खेल अद्‌भुत होता,
कर्म का जोर न किंचित चलता।
फलित वही जो बीज बोता,
निज पैरों चल सूर्य ढलता।।२।।
दीपक की भांति अब तक तो,
अंधकार से लड़ सका हूँ।
परन्तु पतवार के बिना अब,
जीवन पथ से डर रहा हूँ।।३।।
ध्येय पथ पर चलना जीवन,–
का सदा ही गौरव समझा।
किंचित विराम की चाह हित,–
पथ में पल भी कभी न रुका।।४।।
समिधा बनकर यज्ञ में सहज,–
ही जलना स्वयं स्वीकारा।
जीवन का तिल तिल ध्येय के,–
चरणों में सर्वस्व बलिहारा।।५।।
किंचित भी मोह न जीवन का,–
पथ आड़े न आने पाया।
जीवन भर शूलों पर चला–
किन्तु सुमन बन भेंट चढ़ाया।।६।।
भाग्य की निर्मम यातना में,–
कर्तव्य से विमुख होऊँगा।
चाहे सर्वस्व होम भले ही,
ध्येय से विलग न होऊँगा।।७।।

क्यों न उदधि मर्यादा तोड़े,
या हिमाद्रि गतिमान होवे।
अवनि और अंबर उर मिले,–
अपितु ''जग''राम'' न व्रत तोड़े।।८।।

प्रभु चरणों से कभी...

प्रभु चरणों से कभी, दूर न करना।
बस इतनी सी कृपा, सर्वदा रखना।।१।।

चरणों की धूलि बन, सानिध्य पाऊँ।
भक्तिभाव से अखण्ड, महिमा गाऊँ।।२।।

सेवा की कामना, ही ध्येय अटल।
ध्येय हित आत्म हवन, अंतः ज्वार प्रबल।।३।।

नीर बिना मीन का, जीवन दूभर।
पंथ बिना पथिक, ज्यों–अनाथ कूकर।।४।।

चंद्रिका बन चंद्र की, शुभ्र छटा बनूं।
सप्तरंगी बादलों की घटा बनूं।।५।।

दीप की बाती बन, अखंडित जलूं।
अंतर समेट भ्रमर, अनुचरी बनूं।।६।।

अपराधिनी सामर्थ्य के द्वार पर खड़ी।
अभागिनी शरण की, चाह में खड़ी।।७।।

अंधकार हो दूर,–यही प्रार्थना।
चरण की मिले धूलि, यही याचना।।८।।

ध्येय साधना पूर्णः हो यह वर दो।
''जग'राम'' की छबि को, अंतर भर दो।।६।।

ठुकराई जाकर भी...

ठुकराई जाकर भी अडिग रही।
झंझावातों में भी, खड़ी रही।।१।।

अमावस में न शशि का, संग छोड़ा।
प्रतीक्षा में न ''पावक, व्रत'' तोड़ा।।२।।

निशि में भी परछाई, बनी रही।
सभी कुछ चुपचाप सह, शांत रही।।३।।

किन्तु संशय का न कोई, शब्द मुख में।
किन्तु न प्रतिकार का, लघु कर्म व्रत में।।४।।

घोर बादलों में ज्यों, द्युति प्रफुल्लित।
''नव भोर'' की चाह में, दृग अखंडित।।५।।

किंचित भी शोक न अंतर, के आंगन।
किंचित भी न संभ्रम श्रद्धा, के हावन।।६।।

नियति के उपहार से, संतुष्ट हूँ।
उद्दिष्ट हित वलिहार से, संतुष्ट हूँ।।७।।

कर्तव्य के हित में, भले ही आहुति।
भागीरथी बन अखंड, सुप्रवाहित।।८।।

चिर ध्येय का स्मरण ही, जीवन सुख।
नाव की पतवार बन, पंथ उन्मुख।।६।।

स्वार्थ में हृदि से विमुख कायरता।
परमार्थ में वलिदान स्वर्ग गर्विता।।१०।।

परछाईं का धर्म ही, अखंड साथ।
जब ''जगराम'' की, शरण उन्नत माथ।।११।।

कब तक परीक्षा देती रहूँगी...

कब तक परीक्षा देती रहूंगी, अबला बनकर।
हाय' कब तक शूलों पर चलूंगी, अनाथ बनकर।।१।।
क्या नारी का कोई स्थान नहीं, जीवन पथ में।
क्या नारी का कोई मान नहीं, सावन घट में।।२।।
कठपुतली बनकर कब तक अबला, नाचती रहे।
मरकटी बनकर कब तक मृदंग पर, थिरकती रहे।।३।।
कब तक निरा अनुचरी बन कर, बिबस हो जिये।
कब तक बेचारी अपमानित हो, विष घूंट पिये।।४।।
इच्छा–अनिच्छा पर निर्भर जीवन के, सारे सपने।
जैसे सुगंध तक ही भाते हैं, सुमन सलोने।।५।।
बिना बंधनों के कारावास–सी, निरा अनुभूति।
विवस लाचार बेचारे दीपक, की खंडित ज्योति।।६।।
सर्वस्व न्योछावर का अंत परिणाम, अति दुखदाई।
जैसे पूर्णिमा के मुख व्यर्थ अमा, बदली छायी।।७।।
किंचित भी अब सह रुक, झुक, न सकती, स्वाभिमान हित।
एकमेव उत्कट चाह अंतर शेष, पुनः सान्निध्य प्रति।।८।।
जन्म जन्मांतर के लिए स्वीकार है, दासत्व सर्वदा।
विनय! बस यही कि चरणों में स्थान,–हो अटल सदा।।६।।
नारी के मान स्वाभिमान की बस, नाथ! कामना।
"उत्थान–अधिकार की "जग'राम" से,–विनम्र प्रार्थना।।१०।।

जो दिया वरदान...

जो दिया वरदान लौटा रही हूँ।
नाथ! सौंप थाती, अब जा रही हूँ।।१।।

नव सुमनों को बस, नेह की चाहत।
नूतन शैशव को, अंतर की आहट।।२।।

त्रुटि न कोई शाप, का कारण बने।
ममता के आंचल, में दीपक जले।।३।।

दोष कृति में नहीं, विनिर्माण में है।
अमिय संस्कार ही, पतवार एक है।।४।।

भेंट जो स्वीकार, तो सधन्य जीवन।
निरन्तर उपकार, से संतृप्त सावन।।५।।

सुमन के वलिदान से, सद्गति संभव।
परमार्थ अनुष्ठान, से प्रभात उद्भव।।६।।

ममत्व की छाँव में, शिशु विटप सुरक्षित।
नेह के अंक में, दीपक अखंडित।।७।।

क्षमा प्रभु! और न सेवा इस तन।
विनय! ''जगराम'' का, संग रहे प्रतिक्षण।।८।।

फिर और न ऐसी...

फिर और न ऐसी, कठिन परीक्षा।
हे नाथ! न करनी, पड़े प्रतीक्षा।।१।।
पराकाष्ठा पार, हुई संयम की।
सीमोल्लंघन हुआ, व्यथा संगम की।।२।।
मर्यादा के बंधन सब टूट गये।
सौभाग्य के सुखद, क्षण रूठ गये।।३।।
संभ्रम की कारा, में निरा तिमिर।
समर्पण के कारण, विवस स्वयं भ्रमर।।४।।
अनुशासन में ही, जीवन धन्यता।
आत्महवन से ही, भावी भव्यता।।५।।
चरणों की रज की, चाह अनवरत।
ज्यों सुगंध से सुमन, आकर्ष अविरत।।६।।
चरणों में हो इति, बस अंतिम इच्छा।
किन्तु प्रसाद स्वरूप, जो वही अच्छा।।७।।
सेवा में किंचित, प्रतिकार नहीं।
फल का भी कोई, अधिकार नहीं।।८।।
जो मिले उसी में, अमिय अनुभूति।
उपेक्षा में निस्पृह, अविराम स्फूर्ति।।९।।
नाथ! शीश पर से, कर न हटाना।
''जगराम'' तिमिर में, दीप जलाना।।१०।।

अब करना क्षमा...

अब करना क्षमा, नाथ! जा रही हूँ।
भावी थाती को, ''अब'' सौंप रही हूँ।।१।।

ममत्व की छाँव की, बस प्रार्थना है।
आशीषों की ही, बस कामना है।।२।।

धाय बनकर कर्तव्य, का पालन किया।
दीप बनकर ज्योति, को संबल दिया।।३।।

अंगुली पकड़कर, तब तक चली हूँ।
तरनी को तट जब, अखंडित जली हूँ।।४।।

निर्माण में कोई, यदि त्रुटि शेष हो।
नाथ! सेविका पर, किंचित न रोष हो।।५।।

विछोह में निर्माण, ही आधार था।
संभावना में ही, मधु आभास था।।६।।

सुमनों को माली, की मधुप चाहत।
शैशव को अंतर, की अमिय आहट।।७।।

ऋण से उऋण आज, पूर्णतः हो गयी।
बंधनों से मुक्त भी, अब हो ही गयी।।८।।

सुत सी सब पर दृष्टि, हो, बस प्रार्थना।
''जगराम'' की कृपा, हो बस याचना।।६।।

सेवा की चाहत...

सेवा की चाहत, शेष रह गयी।
पूर्णिमा पर अमा, घटा घिर गयी।।१।।

पथ पर चलनें का, संकल्प लिया था।
साथ निभाने का, बचन दिया था।।२।।

अगणित सपने, उर में पाले थे।
जीवन के दीप, स्वयं बाले थे।।३।।

दुर्भाग्य के झोंकों, से दीप बुझा।
घोर अंधकार का, दृग मेघ घिरा।।४।।

पतझड़ के आते, ही वसंत रूठा।
खिलने से पहले ही सुमन लुटा।।५।।

भोर के संभ्रम में, विस्मित कमलनी।
भोर के संगम में, स्तब्ध अभागिनी।।६।

बिना तीर के ही, तरनी अटकी।
आशा में स्वयं ही, पथ में भटकी।।७।।

चरणों की सेवा, का वर देना।
"जगराम" शीघ्र ही, सुधि से लेना।।८।।

स्वजनों के अभाव में...

स्वजनों के अभाव में, महल पर्णकुटी जैसा।
वसंत के अभाव में, जीवन पतझड़ जैसा।।१।।

स्वजन अभाव में विजय, घोर पराजय होती।
स्वजन अभाव में अमा, घोर अंधकार होती।।२।।

स्वजन के बिना प्रभात, भी निरी सांझ लगती।
स्वजन के बिना दिनकर,– की छवि शशि सी दिखती।।३।।

स्वजन ही तो रूधिर, के वेग का संबल होते।
स्वजन ही तो स्वांस का, अविच्छिन्न स्वरूप होते।।४।।

स्वजन ही तो पंथ में–, दीप का कार्य करते।
स्वजन ही तो ध्येय पथ, में सदा साथ रहते।।५।।

स्वजन ही भूत–वर्त–भवि, का मधुप्रसाद होते।
स्वजन ही तो अमियमय, षटरस सुस्वाद होते।।६।।

स्वजन के बिना जीवन, निरा मृतक समान है।
स्वजन के बिना जगती, निष्प्राणतम शमशान हैं।।७।।

स्वजन ही तो अमृत का, संपूर्ण भरा घड़ा है।
स्वजन ही तो अंत के, लिए द्वार पर खड़ा है।।८।।

स्वजन ही तो मोक्ष का, भी कारण बनते हैं।
स्वजन ही तो सृजन का, भी माध्यम बनते हैं।।६।।

स्वजन अनमोल थाती, प्राणों से भी पालो।।
''जगराम'' बनकर–स्वजन, को हृदय में बिठा लो।।१०।।

भोर के बिना सुमन...

भोर के बिना सुमन, का जीवन अलोना।
आंचल की छांव बिन, शूलों सा बिछौना।।१।।

भानु की आहट से, ही घोरतम भगता।
संकेत चौखट पर, काल का पग बढ़ता।।२।।

शोणित के वेग को, भी बल तभी मिलता।
बसंत के आंगन में, ही तरु स्वयं फलता।।३।।

नहीं तो पतझड़ का, आतप काल सा है।
नहीं तो सावन भी, शुभ्र हिम भाल सो है।।४।।

विपिन में होकर भी, निरा शून्य एकांकी।
सामुहिक संबल भी, निर्बल की वैशाखी।।५।।

भंवर के बीच में, नाविक तरनी अधर।
संभ्रम के बीच में, पथिक के स्वपन दूभर।।६।।

मधुप के बिना सुमन, का सावन रस हीन।
तम का पराभव भी, दीपक के आधीन।।७।।

रवि की प्रतीक्षा में, शूल भी प्रसून से।
व्रत की परीक्षा में, शोभा बस धूलि से।।८।।

रवि से जीवन आश, और न कोई ठौर।
''जगराम'' के बिना न, पथ में साथी और।।६।।

कर्त्तव्य भी अभिशाप बन गया...

कर्त्तव्य भी अभिशाप बन गया।
सांझ का अनुताप बन गया।।१।।

शूल का उपहार बन गया।
भोर का अंधकार बन गया।।२।।

दीपक काल ग्रास हो गया।
तिमिर का साम्राज्य आ गया।।३।।

कर्त्तव्य तरनी मंझधार में,
जीवन धरनी आधार में।।४।।

जीवन मूल्यों के लिए अर्पण।
भले न हो किंचित आकर्षण।।५।।

परिपाटी के लिए हुति क्यों? न
परमार्थ के लिए छवि क्यों? न।।६।।

धर्म की स्थापना स्वधर्म उत्तम।
पंथ का निर्माण ही कर्म उत्तम।।७।।

ध्येय पथ जो चले पथिक बन।
"जगराम" के तुल्य हो जीवन।।८।।

जीवन भर शूलों पर सुलाया...

जीवन भर शूलों पर सुलाया।
दर–दर की भिखारिणी बनाया।।१।।

बंदीगृह की वंदिनी बनाया।
भोर मुख घनघोर मेघ छाया।।२।।

परछांई बनने का फल मिला।
क्षितिज में असमय भोर रबि ढला।।३।।

राहु के कारण संध्या उदास।
कंत के बिना पथ घोर निराश।।४।।

मेघों के कारण चंद्रिका विकल।
निष्प्राण प्रहर भी अचरज हलचल।।५।।

निशि में परछांई को पथ संकट।
पग–पग पर मानों, कंटक विकट।।६।।

औरों के हित जो वलिदान हो।
उसी का जन्म, भोर विवस्वान हो।।७।।

बाती बन जलना, ही पंथ एक।
चरण कीरज बनना, ही व्रत एक।।८।।

आत्म हवन से, ही युग परिवर्तन।
''जगराम'' ही, अखण्ड आराधना।।६।।

जिसने मुझे सब कुछ दिया...

जिसने मुझे सब कुछ दिया, उसी को जीवित जलाया।
हाय रे! प्रतिफल में उसे, क्रूर शूलों पर चढ़ाया।।१।।
सुखों को मार ठोकर चल, पड़ी स्वयं परछाई बन।
परहित में दीपक सी जल, बन गई स्वयं झांई तन।।२।।
घन संकटों को लांघ सहर्ष, पंथ के संग–संग चली।
भोर की ऊषा बन शनैः शनैः क्षितिज में पूर्ण ढली।।३।।
पंथ में आलोक बन कर, तिल तिल जलकर राख हुई।
ध्येय के चरण में जीवन, सुमन भेंट बिनु पात हुई।।४।।
लघु संकेत मात्र की सतत, प्रतीक्षा रही जीवन भर।
अनन्य भक्तिभाव की अखण्ड, धारा रही अंतर में स्फुर।।५।।
तदुपरान्त निष्ठुर हो गये, सुप्रीति के बंधन कितने?
सुख तो सुदूर प्राणों की, भी रक्षा नहीं की हमनें।।६।।
शरणागत अबला की भी, रक्षा नहीं कर सका आज?
ऊषा के बिनु कैसे रवि? भोग सकेगा अखण्ड राज।।७।।
साधना निश्चय ही निष्फलित, जब तक हो लग्न अधूरी।
नव सृजन की बात स्वप्नवत, जब तक हो अंतर दूरी।।८।।
परछांई का अस्तित्व तभी तक, जब तक आलोक प्रवल।
तरनी का भाग्य तभी तक, जब तक कर पतवार संवल।।९।।
क्षमा! अब और न किंचित भी, प्रिये! अत्याचार सहूँगा।
''जगराम'' की अब सौगंध, धैर्य! न पल दूर रहूँगा।।१०।।

कर्तव्य भी कितना अभागा होता है...

कर्तव्य भी कितना, अभागा होता है।
निज पथ में स्वयं, ही शूल बोता है।।१।।

घोर घन निरख रवि, पंथ में न रुकता।
अपितु घन वक्ष चीर, कर आगे बढ़ता।।२।।

भंवरों के नाद से, तरनी न डरती।
समर में आगे बढ़, सामना करती।।३।।

काल का भी भय न पंथ डिगा सकता।
स्वयं बिना न कोई लंगर उठा सकता।।४।।

जिसके लिए पथ में, पग बढ़ा दिया जो।
फिर बुझ न सकता, आंधी में दिया वो।।५।।

परिणाम और संकल्प, में अंतर किंचित।
पारस के स्पर्श से, फिर रहा न वंचित।।६।।

स्वयं को तो तिमिर, औरों को उजाला।
नव सृजन के लिए, पान की स्वयं हाला।।७।।

परिपाटी के लिए, गिरि भार उठाया।
कंटकों पर चल, सुमनों को खिलाया।।८।।

स्वयं के लिए पग–पग, पर संकटों का संग।
अपितु वसंत आहट से, पुलकित अंग–अंग।।६।।

दीपक तले तो, अंधेरा होता है।
''जगराम'' सुदूर, सवेरा होता है।।१०।।

क्षमा कर देना प्रिये...

क्षमा कर देना प्रिये, इस बार भी।
क्योंकि लक्ष्यहित साधना, बलि हार थी।।१।।
निश्चय विद्यमान थी स्मृति, स्मृति पटल पर।
अपितु चलने को विवस, था अनल पर।।२।।
चाह कर भी वचन का, न ध्यान रखा।
बांह भर कर पंथ का, न मान रखा।।३।।
ध्येय अंतर में उदय, ऐसा विलुप्त।
कि चेतना भी जाने, कब हुई सुप्त।।४।।
जब हुआ सचेत, गंतव्य के तीर था।
अब क्या? अब पार, धनुष, पर तीर था।।५।।
अब शेष चतुर्दिक, घोर– अंधकार था।
परिणाम का ही मात्र– आभार था।।६।।
जिस हेतु थी साधना, सिद्ध हो गई।
फलत! स्वास–प्रस्वास से– भिन्न हो गई।।७।।
क्या करूँ? स्वयं से बड़ा,– यह कर्तव्य था।
नरहित में आत्महवन– ही गंतव्य था।।८।।
जो अपेक्षित हो वही,– स्वधर्म पालन।
''जगराम'' का भले, अश्रु,– भेंट सावन।।६।।

क्या करूं विवस था...

क्या करूं विवस था, बिंध इन बंधनों में।
सम्मुख हो विमुख था, मिलन के क्षणों में।।१।।
कर्तव्य के सामने, भाव का पराभव।
गंतव्य के सामने, शेष चाह असंभव।।२।।
बाह्य की दीनता, पर भी अंतर मौन।
फिर क्लांत पथिक का, स्वर सुनेगा कौन?।।३।।
यदि स्वांस ही काय, संग, त्याग को उत्सुक।
तो भला रुधिर की, गति क्यों? हो उन्मुख।।४।।
गति के बिना कोई, न संचार संभव।
कृति के बिना कोई न, अंतर चाह उद्भव।।५।।
दीप जीवन डोर, दीप के ही हाथ।
सीप को करता है, मोती ही सनाथ।।६।।
कर्तव्य तो श्रेष्ठ है, किन्तु भाव लघु नहीं।
"जगराम" का सुफल, बृथा प्रलाप नहीं।।७।।

संकल्प ! अब न कभी कांटा बनूंगा...

संकल्प! अब न कभी कांटा बनूंगा।
सुमन बन पंथ में संग–संग चलूंगा।।१।।
विरह में तीर से, गड़े नव सुमन।
काल का आभास, बन चुभे पवन।।२।।
कण–कण पहाड़ों, का ढेर जैसा।
क्षण–क्षण युगों का, अंधेर जैसा।।३।।
विष सा घूंट पी, नित जीना पड़ा।
लपटों में विवस हो, जीना पड़ा।।४।।
बिना पात का विटप, सा हो गया।
रोते–रोते गोद बिनु, सो गया।।५।।
जीवन पंथ तिमिर, से भरा रहा।
घावों की वेदना, सहता रहा।।६।।
दिवस में अंधकार, की अनुभूति।
बृथा हो गई, जीवन की आहुति।।७।।
ऊषा बिना रवि का, स्वप्न अधूरा।
बाती बिनु दीप का, व्रत न पूरा।।८।।
अभाव का फल तो भोग ही लिया।
"जल बिनु मीन", जीवन कैसा जिया ! ।।९।।
दीप सा जल, अंधकार हरूंगा।
"जगराम" भोर स्वप्न, पूर्ण करूंगा।।१०।।

व्यवस्थायें हृदय में...

व्यवस्थायें हृदय में, शूल जैसी।
प्रतिबद्धता पंथ में, भूल जैसी।।१।।

परोक्ष का आभास, झूठा लगा।
कृशकाय उच्छ्वास भी आगे ठगा।।२।।

करुण–क्रंदन पर, भी पाषाण उर।
पूर्ण अविराम मौन, भले भस्म उर।।३।।

तीर सा कठोर बन, स्तंभित रहा।
ममत्व के आंसू पी, अखंडित रहा।।४।।

व्यवस्था कभी निर्माण, पथ अवरोध।
अमियरस में विष सा, घोर विरोध।।५।।

प्रतिकूलता में मधु, लोप सुनिश्चित।
परिणाम में विशेष, संग प्रायश्चित।।६।।

सृष्टि–रस का प्राण, तो प्रेम अविकल।
"जगराम" फिर भी सृष्टि, व्यवस्था प्रवल।।७।।

श्वांस के बिना जीना...

श्वांस के बिना जीना, दूभर हुआ।
उर्वरा विहीन आंचल, ऊसर हुआ।।१।।

लड़खड़ा कर दीप सा, जलता रहा।
अपितु प्रतिक्षण अंत से, डरता रहा।।२।।

केश पकड़ने को मृत्यु, सामने थी।
अंत की पग गति अनंत, लांघनें की।।३।।

प्राण सारंग ओर ले, बढ़ता रहा।
वसंत हो पतझड़ सा, झरता रहा।।४।।

सोम का रस भी निरा, फीका पड़ा।
संताप की आंच से, रीता घड़ा।।५।।

पथ पर एकाकी छोड़, सब बढ़ गये।
मोक्ष सपने अधूरे, ही रह गये।।६।।

कर्तव्य की रक्षा आहुति, से ही संभव।
''जगराम'' को ही मिले, अखण्ड उत्सव।।७।।

कर्तव्य की शिला ने...

कर्त्तव्य की शिला ने, प्राण छीने।
दीप शिखा से बस, भाव भीने।।१।।

शूलों पर चलकर, भी न हारा।
पग–पग पर मानों,– तिमिर कारा।।२।।

संभावनायें भी, निष्प्राण निश्चय।
कल्पनाओं का भी, प्रवाह विलय।।३।।

शून्य के आधीन, सपनें सभी।
विवसता के बंधन, आभास भी।।४।।

युग सा प्रतीत निशि, तम लघु प्रहर।
अवरोध के सन्मुख, गति–पग ठहर।।५।।

आत्माहुति भावी, सवल संबल।
प्रेरणा का अजस्र, ममत्व आंचल।।६।।

पंथ में पथिकों को, मूक दिग्दर्शक।
''जगराम'' अनुसरण, दीप सार्थक।।७।।

पश्चाताप ही शेष अंतर...

पश्चाताप ही शेष अंतर, में हलाहल।
शूलमय पंथ मौन अस्तु निरा, ज्वार हलचल।।१।
अंतरिक्ष की गोद में विस्मित, मानों खड़ा।
प्रवाह के पंथ में निर्लज्ज शिख, जैसा अड़ा।।२।।
शून्य में अपलक निरा दिग्भ्रम, तिमिर आश्रय।।
संभ्रम के आंचल में विवस, होकर प्रश्रय।।३।।
तीरों से विच्छेद हो संबंध, अनुभूति व्यर्थ।
एकाकी निर्बन्ध विहंग उड़ान, निष्फलित अर्थ।।४।।
विच्छेद होकर भी न यदि सुमन, का लक्ष्य पूर्ण।
निरर्थक हो गया सपना अस्तु, संकल्प अपूर्ण।।५।।
कर्तव्य की डोर में बंधकर, भरकर भला।
चाव में सुध–बुध भूल भ्रमर, मृत्युमुख चला।।६।।
सर्वस्व लुटाकर पंथ में बस, स्वयं ही बचा।
स्वयं के द्वारा स्वयं के लिए, षडयंत्र रचा।।७।।
परहित के परिणाम से पूर्ण, संतोष है।
''जगराम'' के लोकयज्ञ से न, लघुरोष है।।८।।

अब कर्तव्य को बंधनों के...

अब कर्त्तव्य को बंधनों के, पास आने न दूँगा।
अब संबंध के दीप को, पुनश्च बुझने न दूँगा।।१।।
पतझड़ की क्रूरमार से, पात विहीन हो गया।
पतंग के प्रचण्ड प्रभाव से, गात मलीन हो गया।।२।।
अवरोध की प्राचीर के, कारण प्रवाह खंडित।
निर्दोष प्रभात भी दुर्भाग्य, के कारण हुआ दंडित।।३।।
प्रसून की सूक्ष्म मधुरेख, भी तो हुई प्रताड़ित ।
किन्तु किंचित मधु आभास, परिणाम स्वयं शापित।।४।।
अति तीर हो तो शूल की, अनुभूति का सवेरा।
कृश–चीर हो तो भूल की, निराशा का अंधेरा।।५।।
उदर को फाड़ने को ज्यौं, विवस नवजात प्रवाह।
कोख को छोड़कर गंतव्य, पाने को व्यग्र उछाह।।६।।
निज सौख्य का बलिदान ही तो, लोक का आधार।
"जगराम" का अखण्ड यज्ञ ही, तो नव चैतन्य संचार।।७।।

नीड़ तक भी...

नीड़ तक भी, उजड़ गया।
भोर पादप, उखड़ गया।।१।।

प्रयत्न से जो, पग रोपा।
किंचित न भार, सिर थोपा।।२।।

होम तक दृढ़, यज्ञ पथ पर।
गंतव्य के लिए, दृढ़ व्रत पर।।३।।

सुरसरि वेग, के संग चल।
किंचित न व्यर्थ, कोई पल।।४।।

प्रवाह के ज्वार, से विचलित।
अवशेष भी, ध्वसत कवलित।।५।।

फलश्रुति अखण्ड, व्रत यशस्वी।
देदीप्य पथ, ध्रुव तपस्वी।।६।।

अंतर चीर, बस अंत ध्रुव।
क्षिति छोर से, संबंध विषुव।।७।।

भोर के स्पर्श, से स्वप्न लुप्त।
मिथ्या आकर्ष, स्वमेव सुप्त।।८।।

सत्य की अंतिम, विजय निश्चित।
''जगराम'' का, पंथ उचित।।९।।

सिर पर ढेर सारा...

सिर पर ढेर सारा– ऋण चढ़ा है।
बंधनों को तोड़, पथ पग बढ़ा है।।१।।

पावक सम्मुख वचन जो, सब ज्ञात है।
रवि से विमुख ऊषा, धुप रात है।।२।।

भोर का प्रादुर्भाव, भी तो दिवस।
भानु के बिना रुधिर, की गति विवस।।३।।

प्रतिबिंबनी सी पंथ, अनुगामिनी।
पथालोकित करती, बन दामिनी।।४।।

पग–पग पर सुमन सा, मधु आभास।
सर्वस्व भेंट का अंतर, पूर्ण प्रयास।।५।।

चढ़ा जीवन इष्ट पर, सुमन बनकर।
भेंट जीवन परहित, दीप बनकर।।६।।

उपकार प्रतिफल भी, दे न पाया।
''जगराम'' ने शूलों, पर सुलाया।।७।।

सभी के सपनों को साकार कर सका न...

सभी के सपनों को, साकार कर सका न।
अपेक्षित कसौटी पर, खरा उतर सका न।।१।।
वर्षानुवर्षों की चाहत, का अंतः हो गया।
प्रदीर्घ क्लांत पथिक का, व्रत भंग हो गया।।२।।
अनथक यत्न से अब तक, दीप को बचाया।
अपितु लघु झोंके ने, कल्पतरु को गिराया।।३।।
क्षण भर में साधना, खण्ड–खण्ड हो गयी।
भाग्य की ऊषा निज, पैर तान सो गयी।।४।।
अनवरत यज्ञ जो सहज, विरासत में मिला।
परिणाम को अत्यंत आतुर, जो सुमन खिला।।५।।
भोर लालिमा बस, लालिमा ही रह गयी।
दुर्गम शिखरों को लांघ, कर निशा आ गयी।।६।।
उत्सव द्वार घोर तम साम्राज्य छाया।
वसंती के लिए पतझड़ी, उपहार लाया।।७।।
असमय–क्रूर जरा ने, श्वेत केश पकड़े।
जैसे शिशु–विहंग बाज, के पंजों में जकड़े।।८।।
गंतव्य से पूर्व तरनी, की दिशा भटकी।
मानों काल के गाल, ''मंझधार'' अटकी।।६।।
विश्वास से ही खिलेंगे, मुरझाये सुमन।
प्रतीक्षा ''जग''राम'' का, निश्चय हो पुनर्मिलन।।१०।।

अगले जन्म में सब ऋण चुकाउँगा...

अगले जन्म में सब, ऋण चुकाऊँगा।
दायित्व को अच्छी, तरह निभाऊँगा।।१।।

कर्त्तव्य के कारण, जो अपराध हुआ।
नियति के कारण, जो अवरोध हुआ।।२।।

प्रयास को भी अब, न कोई अनुमति।
काल के प्रतिक्षण, की संपूर्ण सहमति।।३।।

सान्निध्य से वंचित किंचित न सहयोग।
निर्दोष विहंग पर, क्रूरतम अभियोग।।४।।

अविराम दीप का, व्रत पूर्ण–खंडित।
व्यर्थ ही में साधना, का भाग्य दंडित।।५।।

गति–मति तरनी की, निश्चय ही दिग्भ्रमित।
अखण्ड प्रवाह भी, परिणाम से चकित।।६।।

काल के वेग के, सन्मुख उन्नत शिखर।
अपलक प्रतीक्षा में, परिवर्तन प्रहर।।७।।

सौभाग्य का प्रत्येक, विपल मधुमास।
नियति का आशीष, अंतर आभास।।८।।

शपथ दीप की भांति, ज्योति का मीत।
''जगराम'' का संयोग, चतुर्दिक गीत।।६।।

सब कुछ हंस हंस कर सहता रहा...

सब कुछ हंस–हंस कर सहता रहा।
दीप सा अनवरत, जलता रहा।।१।।

घोर दुर्गम पंथ, पर चलता रहा।
शूलों पर पुष्प बन, खिलता रहा।।२।।

बचन भंग का, अंतर भय न किंचित।
अपितु कर्तव्य पथ से, हुआ न बंचित।।३।।

पंथ में शूलों से, सामना था।
स्वयं को दुर्गम, गिरि लांघना था।।४।।

आत्म स्तुति के, सब बिसरे बंधन।
किंचित न भीत अंतः, प्रबल स्पंदन।।५।।

बस सामने तो, एक ही लक्ष्य था।
प्रहार सहने को अड़ा वक्ष्य था।।६।।

अंतिम रुधिर तक, न आह कोई।
रण में निश्चिंत हो, रण–चंडि सोई।।७।।

कर्म पंथ पर सदा, बढ़ता रहा।
यज्ञ में सर्वस्व, होम करता रहा।।८।।

उपकार हित सुधा, फलता रहा।
"जगराम" बन व्यथा, हरता रहा।।६।।

जो था वह सब भेंट किया...

जो था वह सब भेंट किया, अब शेष न कुछ भी।
सहर्ष बिन्दु सा विलय किया, न आह! किंचित सी।।१।।
दीप वर्तिका बन भस्म पूर्ण, लौ तदपि न बुझती।
घोर निराशा वलय चीर, पौ तदपि पुलकती।।२।।
कंटक मुख साश्चर्य अवाक, पराजित स्वयं अधर।
मूक अपितु अंतः स्फुर प्रवाह, चिर गतिमान विवर।।३।।
अंतिम घड़ी तक प्रतीक्षित, किन्तु आश न छोड़ी।
अभिनय पूर्ण व्यथा लोहित, परछाई भोरी।।४।।
बस उद्दिष्ट हेतु आत्माहुति, हिम सी शांत प्रकृति।
शुभ परिणाम तक यज्ञ अखण्ड, सुधा अनुरक्त प्रवृत्ति।।५।।
छाया की घोर तपश्चर्या, क्षितिज सी निर्लिप्त प्रति।
भेंट हित पूर्ण धवल ज्योति, स्वयं हित अमा–कृति।।६।।
परहित में तिल–तिल गलना, अस्तु उपहार अक्षय।
जब ''जगराम'' की शरण में, सुदीर्ध विमुक्ति निश्चय।।७।।

चलो प्रयाण का...

चलो प्रयाण का, समय हो गया।
क्षमा अब यहां न, शेष रह गया।।१।।

दीप का तिल–तिल तैल व्रत अर्पित।
अनंत का छोर, ही तीर उचित।।२।।

पूर्ण–पूर्ण विलय, क्षितिज सुप्रमाण।
गति का स्थैर्यपन, बीज परिमाण।।३।।

अनुसंधान हास्य, शून्य की चाह।
असंभव को माप, से नेति थाह।।४।।

किंचित न विचलित,– पथ, क्या अश्रु ही?
समुचित न प्रचलित, मत, क्या मंत्र ही।।५।।

संकल्प का वक्ष तो, शिला सा निष्ठुर।
संदर्भ का पृष्ठ ही, पूर्णता विस्फुर।।६।।

समाधान कान, लघु विकल्प शेष।
''जगराम'' न विलंब, स्वप्नवत निमेष।।७।।

चल दिए सब को छोड़ कर धार में...

चल दिए सबको, छोड़ कर धार में
विकल घोर मृग, मरीचिका थार में।।१।।
आसक्ति का लवलेश, भी न स्थिर रहा।
मोह के पाश में न, बांध स्मित बहा।।२।।
विमुख पथ के घोर, तम से विमुक्ति हो,
अविराम गति की मधुर तान अंतः दो।।३।।
मीन सी गति नीर, बिना अत्यंत विकल।
सान्निध्य की लघु चाह, भस्म प्रचण्ड अनल।।४।।
घोर आतप में जल, भस्म पंख संबल।
दुर्गति जटायु सी, किन्तु परहित अटल।।५।।
वसंत बिना विटप, का श्रंगार व्यर्थ।
परिमाण बिना साधना, का क्या? अर्थ।।६।।
उच्छ्वास का आवागमन, किसके? लिए।
स्वांति–सीप चाह, बस मोती के लिए।।७।।
जल बिन्दु का सपना, तभी साकार।
जब अमिय की विषकण्ठ, में बहे धार।।८।।
शशि बिना उडगनों, का शून्य जीवन।
"जगराम" ही नहीं, तो शूल सावन।।६।।

अवसान का प्रहर...

अवसान का प्रहर, आ गया।
नव सांझ का दीप, जल गया।।१।।
प्रचण्ड रवि भी विवस, शशि विवर।
उत्तुंग सपनों का, पंथ सिहर।।२।।
रवि के मुख पर शिल, निरा मृत।
अभिनय के सिर पर, लौह छत।।३।।
यामिनी की पाश, क्रूरतम।
रागिनी की आश, धूलि सम।।४।।
संशय की धार में, असंभव।
विस्मय के ज्वार में, पराभव।।५।।
ऋण बहुत पर, विवस शाम।
आशीष ही मीत, स्वर्गधाम।।६।।
व्यवस्था का सम्मान, आवश्यक।
अधिकार मोह भंग, परिवाजक।।७।।
उल्लंघन अपराध, घोरतम ।
परिवर्तन का वंदन, भोर सम।।८।।
विदा! स्मृति पटल पर, अंकित नित्य।
'जगराम'' सुलभ–जो, तीर सत्य।।६।।

एक पल भी अब यहाँ...

एक पल भी अब यहाँ, पर रह न सकता।
एक पल भी मातृभू– बिन जी न सकता।।१।।
निमिष का विलंब भी, अपराध होगा।
बचनों का भी घोर, अपमान होगा।।२।।
विलंब कारण कहीं, लौ बुझ न जाये।
प्रवाह की गति कहीं, रुकने न पाये।।३।।
विजय का उत्सव, धूलि में सब मिलेगा।।
दिया हुआ बचन भी, झूठा पड़ेगा।।४।।
घोर पाप का निरा, भागी बनूंगा।
कोटि–कोटि जनों को, अनाथ करूंगा।।५।।
निमिष में सर्वस्व राख, ढेरी बनेगा।
कुल कलंक का टीका, माथे लगेगा।।६।।
भोर को मौत घाट, उतार न सकता।
स्वप्नों के उपवन को, उजाड़ न सकता।।७।।
इसलिए लाचार हूँ, अब क्षमा करना।
हो सके तो सखा को, बस स्मरण रखना।।८।।
जीवन भर सभी का, ऋणिया रहूँगा।
ये शुभ क्षण कभी भी, न भूल सकूंगा।।९।।
दीपक जो जलाया, बुझने न पाये।
विनती "जगराम" को, कभी न भूलाये।।१०।।

जो मर्यादाओं से...

जो मर्यादाओं से, स्वयं लड़ता रहा।
शूल पथ आजीवन, निडर चलता रहा।।१।।

पंथ के निर्माण में, नींव का पाषाण।
मंत्र के अधिष्ठान में, अनुबंध का प्रमाण।।२।।

मौन साधना अखण्ड, किंचित भी न विचलन।
शून्य मंत्रणा अक्लांत, शाश्वत नव प्रचलन।।३।।

प्रवाह अविराम व्रत, लोक अनुकरणीय।
यज्ञ का निर्विघ्न अभिमत, योग आचरणीय।।४।।

शून्य में आशा की, टिमटिमाती किरण।
संभ्रम के भंवर में, निर्वाध प्रथम चरण।।५।।

विस्तृत क्षितिज को लांघ, नव भोर आचमन।
परिवर्तन शंखनाद, मधुसुधा आगमन।।६।।

वियोग में संयोग का, मधुमय सावन।
निशा में ऊषा का, व्यथा मुक्त आलिंगन।।७।।

अगम्य पंथ में मीत, मध्य तरनि में शीत।
''जग''राम'' जो प्रीत, तो भव भंवर जीत।।८।।